文史哲學集成

陳飛龍著

孔孟荀禮學研究

文史哲出版社印行

孔孟荀禮學研究 / 陳飛龍著. -- 初版. -- 臺
北市：文史哲, 民 98.01 印刷
頁: 公分. --（文史哲學集成；26）
參考書目：頁
ISBN 978-957-547-232-0(平裝)

1. 儒家

121.2

文史哲學集成 26

孔孟荀禮學研究

著者：陳飛龍
出版者：文史哲出版社
http:// www.lapen.com.tw
e-mail：lapen@ms74.hinet.net
登記證字號：行政院新聞局版臺業字五三三七號
發行人：彭正雄
發行所：文史哲出版社
印刷者：文史哲出版社
臺北市羅斯福路一段七十二巷四號
郵政劃撥帳號：一六一八〇一七五
電話886-2-23511028・傳真886-2-23965656

實價新臺幣三〇〇元

中華民國七十一年（1982）三月初版
中華民國九十八年（2009）一月 BOD 初版再刷

ISBN 978-957-547-232-0

自序

吾國儒家哲慧，涵攝至爲博大，六經精義，萬彙畢陳，察古今存亡之達道，探蒼茫宇宙之終極根源，究易所以析吉凶、明興廢也；治詩書所以著美刺、辨治亂也；創春秋之褒貶法則，而正名分、別是非之「禮」存焉。孔門之「禮」，乃六經之精神脈絡，舉凡國家法度、社會規律、宗族倫常、祭祀儀節等，均薈萃於斯。孔子篤志「從周」，其集上古學術大成，所據以研究之文獻考定，厥爲「周禮盡在魯矣」之客觀條件使然。孟荀繼其遺緒而光大之，乃形成包容性更大之學術體系，由內聖而外王、由政刑而及於兵農之學理主張，莫不以「禮」爲重要準繩也。著者首自「字源」略究「禮」之原始義蘊，其由單純衍爲繁複之多義性，舉其要而陳述之，並就殷周以降典籍，依序論證孔孟荀禮學之基本理論、承傳、影響及其發展方向。綜其大端，則自宗教義之禮、道德義之禮，漸次轉化爲法制義、行爲準則義之禮，其拓大思想領域者，均爲學術理念向上攀登之勝境，其「顯」「晦」或有異同，而發皇文化生機則一也。故不揣譾陋，博採諸家，溯其源流，攝其體統，貢一得之愚，尚祈博雅君子不吝指正！

中華民國七十一年三月鳳山陳飛龍謹識於台北

孔孟荀禮學之研究　目次

第一章 緒論

我國至殷商時代，雖仍保留若干游牧生活之色彩，但大體言之，自定都於殷以後，已正式進入以農耕爲主要生產方式之階段。此時，社會組織屬於氏族形態，因「祭祖」與「祀天」之活動，與族人團結、農事祈報，以及收穫豐歉等密切相關，所以十分受人重視。

在當時社會中，「治人者」與「治於人者」之間，渾然相共，尚無明顯之界限可尋，族內之重要活動，無不仰賴族中長老主持。如祭祖祀天族長爲之主祭，族內事務之處斷，亦卽一般政事之推行，自亦以族長爲其領袖。凡此種種，謂之「祭祀」與「治政」合一可也。

第一節　由文字結構言「禮」
——「禮」之起源——

「禮」如何起源？「禮」之原始意義如何？若就文字學演變及說文之解釋加以推究，亦可得其線索焉。

說文一上示部：「禮，履也；所以事神致福也。从示从豊，豊亦聲。𠃓，古文禮。」段玉裁注云：「『履，足所依也』，引伸之，凡所依皆曰履。……禮有五經，莫重於祭，故禮字从示。」徐鍇說文繫傳云：「𠃓，古文禮，臣鍇以為『乙，始也』。」可知「禮」為對神表示敬意之行為，此種敬意，見於祭祀者最為具體，故從「示」以顯其義。又因禮為一切禮儀規範之緣起，因而古文禮寫作「𠃓」，從「乙」有「起始」之意。

今日已出土之殷商甲文與兩周金文，僅有無「示」之「豊」，未嘗有以「示」作偏旁之「禮」。學例如下：

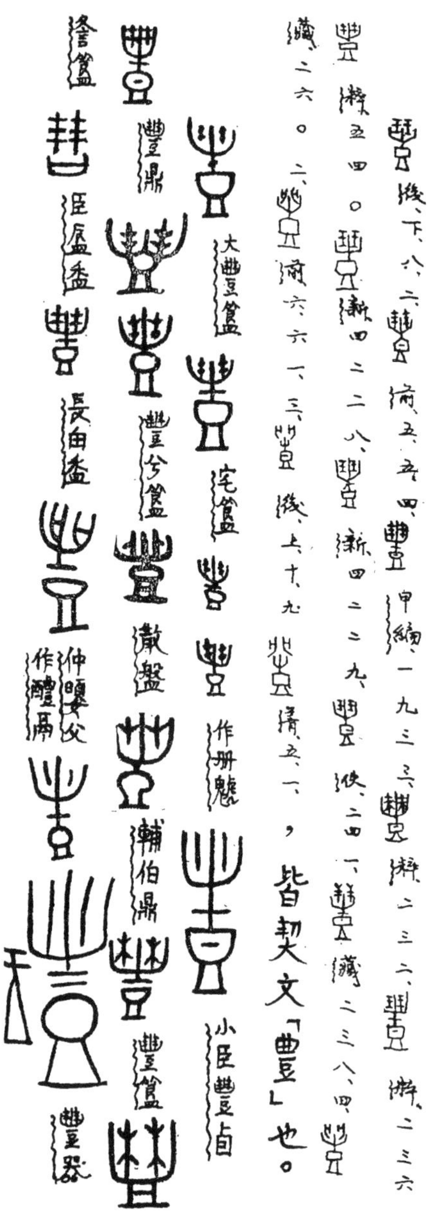

，皆金文「豊」也。

「禮」所從之「豊」，實爲「禮」之本字。吾人如欲探求「禮」之字源，即須分析「豊」之結構。

說文五上豊部：「豊，行禮之器也。从豆象形，凡豊之屬皆从豊，讀與禮同。」

徐灝說文解字注箋云：「俎豆之屬，通謂之禮器。𠁩象器中有物也。周伯琦曰：豊，即古禮字，後人以其疑於豐，故加示別之。」

饒炯說文部首訂云：「案凵者，器也；丰者，實也。……夫以器貯物，奚明其爲禮器？故下加豆注之。後乃以器名爲事名，凡升降、拜跪、酧酢、周旋諸儀，亦謂之豊，又旁加示別之。」

由上可知，「豊」爲置祭物於容器中以祀神，本字作「𠁩」，屬合體象形，後因形體不顯，加「豆」以示義，「豊」字以成。至於「豆」字，本亦古禮器，用以置食肉者。

說文五上豆部：「豆，古食肉器也。从口象形。凡豆之屬皆从豆。𣅳，古文豆。」

王筠說文釋例云：「此字通體象形，一象所盛之物，古文𣅳，物在豆腹之內。……○，其腹也；ㅛ則柄與底也，豆相連爲體，不可割裂。」

「豆」爲古之禮器，用以盛食肉者。爾雅釋器云：「木豆謂之豆，竹豆謂之籩，瓦豆謂之登。」竹、瓦、木製之豆，或皆腐朽無存，今日出土者止少數銅製之豆形器（見附圖一～七），可與「豆」字字形相印證：圓蓋、大腹、長足、濶底，繪其輪廓，純然一「豆」字。可知「豊」字从豆，實具深意。

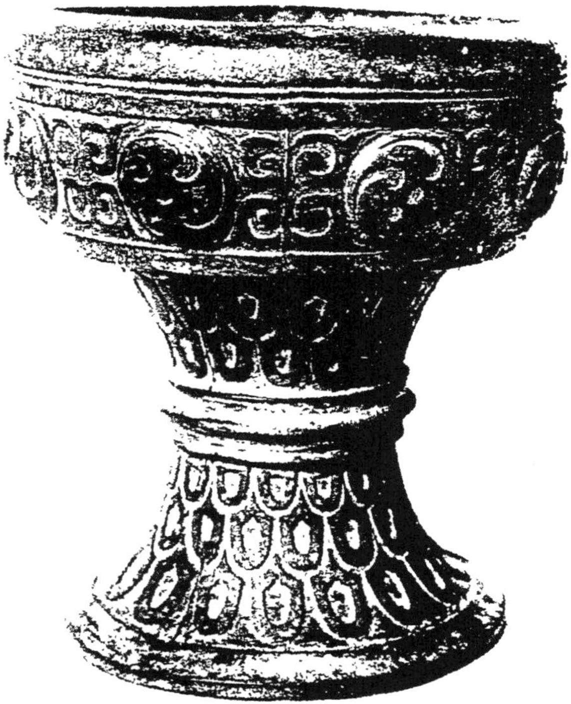

圖一　鱗紋豆

圖二　重環紋豆

圖三　厚氏元豆

圖四　獸帶紋獸耳豆

豆耳環　五圖

豆客鑄　六圖

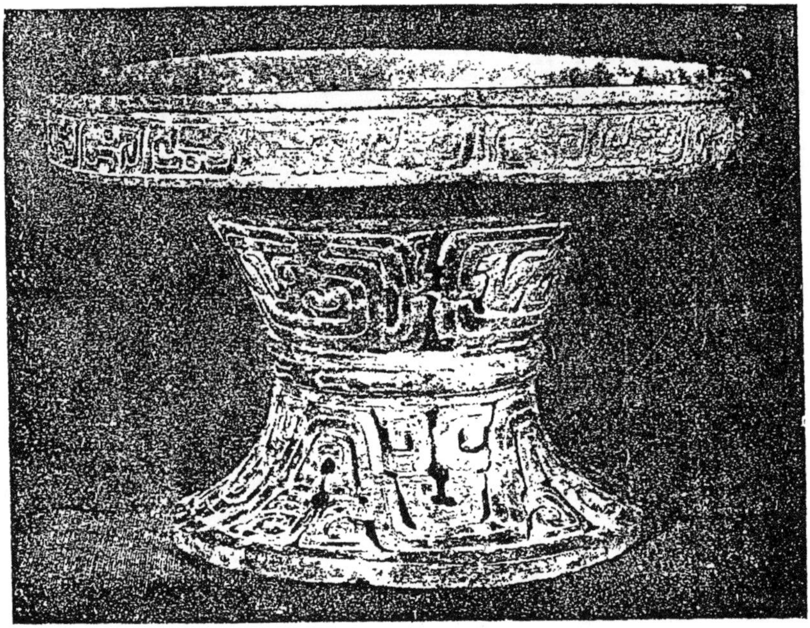

圖七　竊曲紋豆

說文又有「梪」字，解云：「木豆謂之梪。」梪，卽豆字，加「木」爲偏旁，以示其質料。

（以上七圖，錄自容庚商周彝器通考下册，頁二一一至頁二一四。）

由上引「豆」「豊」「禮」三字，可知「禮」字實由「豆」字衍化而來。「豆」爲禮器；置物其中以祀神則爲「豊」；又因「豊」主於祭神，故加「示」以顯其爲「禮」之意。「豊」重於所祭之物，故曰「行禮之器」。「禮」重在行事，故曰「履也，所以事神致福」。又參照前引之甲文、金文字形中，容器內所貯之物，無論「玨」、「丰丰」、「丫丰」、「林」、「𣏟」，皆左右對稱，象寶物齊美之形，乃祭神示敬之先決條件也。祀神，貴以多物實器中，故「豊」字又有多物之意。因而衍生同形異義「豐盛」之「豐」字。

說文五上豐部：「豐，豆之豐滿者也，从豆象形。……，古文豐。」段玉裁注云：「𧯛象豆大也。……大射儀注曰：豐其爲字从豆、𧯛聲，近似豆，大而卑矣，似鄭時有𧯛字。」

「豆之豐滿者」有二義，一則豆器中實物多且富也；一則器形似豆而稍大者，故段氏以爲豐，「近似豆，大而卑矣」。今據儀禮，可知「豐」亦禮器之一：

儀禮鄉射禮云：「司射適堂西，命弟子設豐。弟子奉豐，升，設於西楹之西。」鄭注：「設豐，所以承其爵也；豐形蓋似豆而卑。」

儀禮燕禮云：「公尊瓦大兩，有豐。」鄭注：「豐形似豆，卑而大。」

儀禮大射云：「膳尊兩甒，在南，有豐。」鄭注：「豐以承尊也，說者以爲若井鹿盧，其爲字從豆，𧯛聲。近似豆，大而卑矣。」

儀禮聘禮云：「醴尊于東箱，瓦大一，有豐。」鄭注：「瓦大、瓦尊，豐承尊器，如豆而卑。」

儀禮公食大夫禮云：「飲酒，實于觶，加于豐。」鄭注：「豐，所以承觶者也，如豆而卑。」

以上五注大同小異，並以豐爲器名，如豆而卑，是以「豐」爲禮器，其用如「豊」。孫海波於甲骨文編五上「豐」字下云：「古豐豊同字。」容庚金文編五上亦謂：「豐，……與豊爲一字，豆之豐滿者所以爲豊也。漢隸豊豐二字皆作豊。」高鴻縉散盤集釋：「豊豐，本一字之形變，不應分爲二字。漢人於此，似乎若明若暗。漢碑中，豊與豐每互作。」

祭神之「豊」（禮）多，則供物必豐，此「豐」字所以別出「豊」（禮）字而獨立故也。孫、容、高諸氏之論，皆以甲文、金文爲依據，謂豊豐古蓋一字。降至後世，篆文流行，雖衍化分爲「豊」「豐」二字，然二者之篆體，字形仍甚爲相近：蓋其下从豆，皆相同；豆上所从不一其形，各家說者紛紜，莫衷一是，而揆之字形、字義，殊爲相類，大抵如王筠說文義證、說文句讀所謂「豐」但「象物之豐腆之形」耳。其基本仍以「豊」者「行禮之器也」立說。

再由甲文、金文觀之，「豊」「豐」實與「禮」字無異。「豐」，本義爲祭名之一種，如甲文中：

一、明義士舊藏甲骨文字頁四五之四四五片：

丙戌卜，戊亞其隩，其豐。

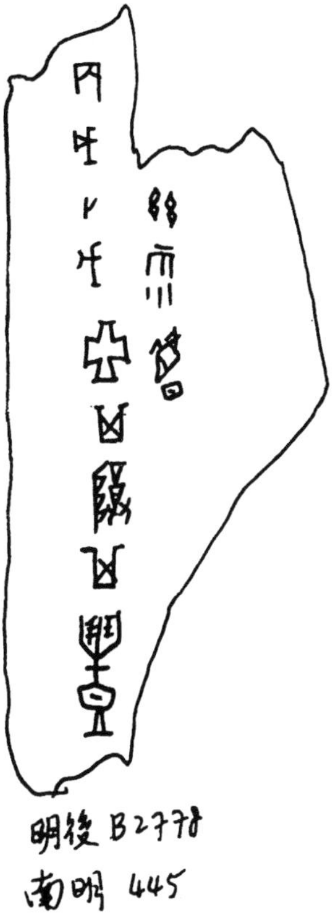

「隩」爲祭禮之一，「其隩」即「行隩禮」。「豐」字與之對擧，可知意義相似。「豐」，當亦祭禮之一，乃字義之引申。

二、郭鼎堂殷契粹編頁四九之五四〇片：

貞羌十有五，卯五宰。

貞其作豊于伊夗。

粹540.

首段言「羌十有五，卯五宰」，皆言祭牲之數。後言「作豊」于某人，亦卽對某人行祀禮之儀式也。

三、殷契粹編頁二二之二三六片：

貞日於祖乙，其作豊。

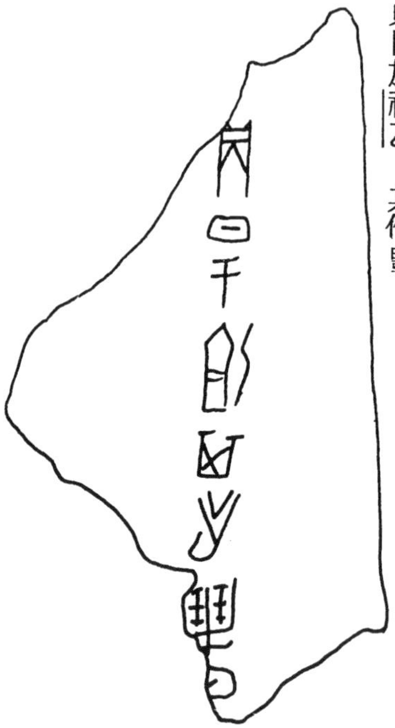

粹236.

「作豊」於祖乙，與前引之五四〇片同義。

四、殷契粹編頁二三之二三二片：

叀新豊用。

叀舊豊用。

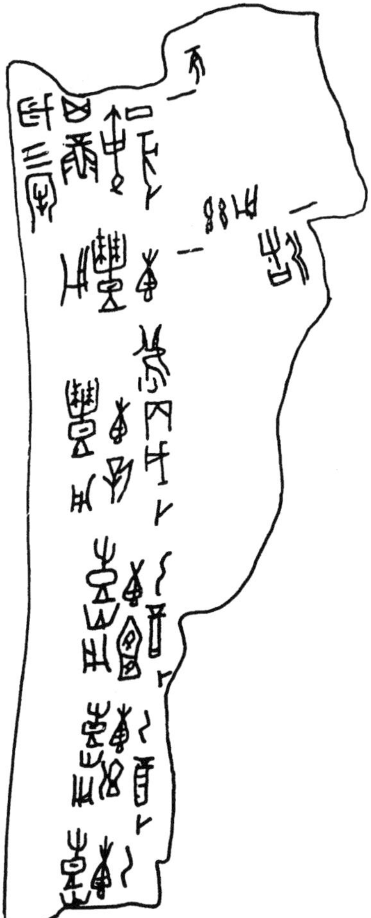

粹232.

此片亦祭祀卜辭，「新豊」「舊豊」對稱，可知爲二種祭儀。

再如金文中：

一、三代吉金文存卷十二、頁七「爵昜中多壺」：

爵昜中多作醴壺。

金文多「某人作某器以作某用」之文例，本片拓自「壺」，乃「鬺中多」（疑爲人名）「作醴」事所用之壺器。「作醴」與卜辭中之「作豊」同義，用途當亦相同，爲祭禮之一。

二、三代吉金文存卷五、頁三十五「右戲中鬲」：

右戲中[illegible]父作豊鬲，子子孫孫永寶用。

本鬲與上引之壺，同爲作豊之器。

右戲中鬲

三、三代吉金文存卷十一、頁三七「師遽尊」：

隹正月既生霸，丁酉，王在周；庚寅，饗醴師遽。……

言王在庚寅日，以「醴」饗師遽。可知此「醴」亦祭禮之一種。

由上舉七例觀之，「豊」「豐」二字在殷周文字中，皆有祭祀禮儀之意，間或增「酉」以顯其義，是二字皆後世「禮」字之異構同義字也。

至戰國時代，文明大盛，字義訓詁日益釐清，行禮之「豊」與物多之「豐」，不得不析而爲二，又爲顯明二體之異，故增「示」於「豊」，以明其爲敬神之意，因之經籍中「禮」「豐」二字訓義，已難互通矣！

就字源學而言，「豊」字係由「豆」與「凵」及「凵」中之「物」（註一）相合而成，然後逐漸衍化，成爲「禮」「體」等九字。另由「豊」字分化爲「豐」，又衍化爲「豔」「豒」等九字。玆列表如下：

- 丰丰、凵 → 𡴘
- 豆（說文五上豆部：「古食肉器也。」） → 豆
- 𡴘、豆 → 豐

豐

- 豊（說文五上豊部：「行禮之器也。」）
  - 禮：說文一上示部：「履也；所以事神致福也。从示从豊，豊亦聲。」
  - 體：說文四下骨部：「總十二屬也。从骨豊聲。」
  - 䊾：說文五上豊部：「爵之次弟也。从豊弟。虞書曰：平䊾東作。」
  - 澧：說文十一上水部：「澧水，出南陽雉衡山，東入汝。从水豊聲。」
  - 鱧：說文十一下魚部：「鱯也。从魚豊聲。」
  - 醴：說文十四下酉部：「酒一宿孰也。从酉豊聲。」
  - 簜：廣韻上聲十一薺韻：「竹名。」
  - 軆：廣韻上聲十一薺韻：「軆軇，輭皃。」
  - 艶：廣韻去聲五十五豔韻：「豔，美色也。艶，俗。」
- 豐（說文五上豐部：「豆之豐滿者也。」）
  - 豔：說文五上豐部：「好而長也。从豐。豐，大也，盇聲。春秋傳曰：美而豔。」
  - 麷：說文五下麥部：「煑麥也，从麥豐聲，讀若馮。」
  - 酆：說文六下邑部：「周文王所都，在京兆杜陵西南。从邑豐聲。」
  - 寷：說文七下宀部：「大屋也。从宀豐聲。易曰：豐其屋。」
  - 蘴：廣韻上平聲一東韻：「蕪菁苗也。」
  - 灃：廣韻上平聲一東韻：「水名，在咸陽。」
  - 僼：廣韻上平聲一東韻：「偓僼，仙人。」
  - 豐山：廣韻上平聲一東韻：「山名。」
  - 灩：廣韻去聲五十五豔韻：「瀲灩，水波動皃。」

第二節　禮之意義

前文所言，「豊，行禮之器也」，所注重者在器物。「禮，履也」。履，本義「足所依也」，後世訓爲「行」，具有「行爲」「實踐」之義。又曰「禮，所以事神致福」，所注重者在「祭祀」。古人「祭祖」「祀天」之目的，在於求神「降福」與「避禍」。在古人心目中，祭祀「禮儀」之實踐，實緣於一項基本認定：以謂此一禮敬、祈求活動，與個人乃至社會之吉凶，有其必然關係。祭祀禮儀之進行，如能合於規定之制式，如能表現內心之至誠，神靈或祖先必可降福於己，或免除自身遭受禍害。凡此種種，就個人或社會而言，關係至爲重要。

依經籍論之，「禮」字，有「禮儀」之義，如：

詩經小雅谷風之什楚茨：「禮儀卒度，笑語卒獲。」

尚書說命中：「禮煩則亂，事神則難。」

易經繫辭傳上：「觀其會通，以行其典禮。」

此外，「禮」字於神、於君上、於物，又有「示敬」之義。祀神表示敬意者，如：

周禮秋官掌客：「凶荒殺禮。」鄭注：「凶荒，無年也。」

於君上表示敬意者，如：

左傳文公十八年：「見有禮於其君者事之。」

左傳昭公七年：「今又不禮於衞之嗣。」

於物表示敬意者，如：

尚書微子之命：「統承先王，修其禮物，作賓于王家。」

禮記禮器：「居山以魚鼈為禮，居澤以鹿豕為禮。」

在氏族社會中，政治組織尚未臻强化，治權所屬，亦未充分集中。當時，一般人民皆堅信其所崇拜之神祇與祖先，實際掌握「爲禍作福」之權力。因而認爲「禮」之爲用，實具有充分之節制力量。不僅此也，氏族社會之所以能維繫社會於安定；封建制度下之政權，所以能維持國家於統一，乃由於其時推行「禮治」——一則「禮」儀之足以表現統治者權力、地位與「威嚴」；二則「禮」法之踐行，對尊卑關係、階級上下之分辨，實具有宏大之決定性作用。

上古時代，國家型態不若後世之具有强化組織。人民於社會生活中，仍帶有濃厚之宗教色彩。商人信奉鬼神，周人亦復如此。於春秋時代，「祭祖」、「祀天」極爲受人重視。

禮記祭統：「禮有五經，莫大於祭。」

此言「吉、凶、軍、賓、嘉」五「禮」，「吉」爲「祭祀」之禮，「凶」爲死亡之禮，「軍」爲兵族之禮，「賓」爲朝聘之禮，「嘉」爲昏冠與射饗之禮，五者之中，以「吉禮」——亦即所謂「祭祀」之禮——最爲重要。由上引祭統文字，於古代社會之中，祭祀活動之特別受人尊重，自可加以確認。

降至周初，祭祖祀天之禮儀，逐漸與「封建制度」以及「宗法社會」相結合。於各項禮儀活動中，不但須藉以顯現上下貴賤之分辨，更欲表現統治階層以及在上者威儀之重輕，如：

尚書皐陶謨：「天秩有禮，自我五禮有庸哉。」孔疏：「王肅云：『五禮，謂王、公、卿、大夫、士。』鄭玄云：『五禮：天子也，諸侯也，卿大夫也，士也，庶民也。』」

由此可知，禮乃貴賤品秩之表徵也。由政治方面言之，因有天子、諸侯、卿大夫、士、庶民五等上下品秩之不同，而禮儀之中，亦有貴賤等級之差別。又如：

禮記內則：「禮帥初。」孔疏：「禮，謂威儀也。」

在封建制度之下，貴族能充分表現其威儀，此於政治權力之維繫，關係至爲重大。封建社會中，如欲人人分辨上下尊卑之關係，要求統治階層各能表現其貴賤品秩，莫徑於「禮」之施行。是以周禮地官大司徒所謂「六藝」，「禮、樂、射、御、書、數」；以「禮」居其首。孔子於論語中，其所以一再言「禮」，其故亦復如是。逮戰國末期，各國因幅員增大，人口加多，事務漸繁，國家之形式變易，行政組織日復嚴密，而「禮」之不足有效統御社會，逐漸衰敗，亦屬時勢之所趨也。

左傳昭公二十五年：「夫禮，天之經也，地之義也，民之行也。」

禮記仲尼燕居：「禮也者，理也。」孔疏：「理，謂道理，言禮者使萬事合於道理也。」

禮記樂記：「禮也者，理之不可易者也。」

因「禮」爲「天經地義」之事，且爲「不可易」之「理」。於是逐漸衍化，成爲：自然界一切秩序之所在與化身，社會生活之約束或規範力量，國家政令推行之努力目標與重要手段。因而「禮」又可分爲：一、「自然秩序」；二、「生活規範」；三、「國家法制」三義。玆爲敍述之便，先言一、二兩義如下：

禮記禮運篇中，曾一再言及「禮以天爲本」。此亦所謂「禮本於天」之義。禮運篇有言：

「夫禮必本於大一，分而爲天地，轉而爲陰陽，變而爲四時，列而爲鬼神。其降曰命，其官於天也。」

按舊說，「大一」爲天地未分以前之元氣，亦即所謂宇宙之本體。上引禮運篇文字，乃謂本體經「分化」、「轉移」、「變換」、「排列」等不同之運作以後，乃成爲「天地」、「陰陽」、「四海」、「鬼神」等各種不同之形象。如此四項改易，一切可歸之於「命」，實皆效法於天者也。

禮記喪服四制：「凡禮之大體，體天地，法四時，則陰陽，順人情，故謂之禮。」

禮之爲用，大略言之，在於體法天地，效法四時，則倣陰陽，順應人情，如此云云，謂之禮也。

以上二則引文，「天地」「四時」云云，足見禮之爲用，在於「維繫自然之秩序」；「陰陽」「人情」云云，足見禮之爲用，又爲人事、鬼神遵循之社會準則矣！「自然秩序」與「社會準則」二者，所重者皆在「序」之一字，因而禮記樂記有言：「禮者，天地之序也。」

再言衍化後之第三義。

左傳莊公二十三年曹劌諫莊公曰：「夫禮，所以整民也。」

在封建政體現實政治環境下，禮爲「整治」人民之一項手段。由於「禮」對國家維護、政令推行，具備絕對之重要作用，因而「禮」字，逐漸衍化含有「國家法制」維護之義。

禮記曲禮上：「禮，不踰節。」

據國語魯語上：「夫祀，國之大節也。」韋昭注曰：「節，制也。」實有「節制」之意。又據禮記樂記：「好惡無節於內。」鄭注：「節，法度也。」可見禮又作「法度」解。由上引兩注云云，得知禮也者，具有法度之節制作用。於封建制度之下，禮實爲國家推行政令主要方法，換言之，實乃國政施行之主要目標。

禮記禮器：「禮也者，猶體也。」

「體」者，「用」之對。或曰：見於外者爲「用」，具於內者爲「體」。是故，「禮」又有「內在」「根本」之意。

禮記曲禮上：「禮從宜。」

禮記樂記：「禮者，別宜。」鄭注：「別宜，禮尚異也。」

禮記樂記：「此所以祭先王之廟也，所以獻酬酳酢也，所以官序貴賤，各得其宜也，所以示後世有尊卑長幼之序也。」

前曾言及：禮法之踐行，特別重視尊卑上下之分辨。古代國君與卿士有事於宗廟，行「獻酬酳酢」之禮時，必須「以官序貴賤」，使禮儀之進行，與與其事者能「各得其宜」。因是之故，禮所重者，在各「從」其尊卑身分之所「宜」，或分「別」所適「宜」之上下等級。據是而言，禮又有「相宜」之意。

> 禮記曲禮上：「禮尚往來。」
>
> 禮記樂記：「禮也者，報也。……禮，反其所自始。……禮報情、反始也。」

禮之主要精神在於「回饋」。故鄭注曰：禮「以施報爲尚」。由於人爲先祖所生，故有國者必祭奠其祖之所自出。此項行爲，亦卽樂記之「反其所自始」也。此外，自人事交往觀點而言，禮爲「交際酬答之文，反復而還於內」者（亦採鄭注），因是之故，禮亦有「回報」之意。

綜上所述，有關「禮」字之含義，最初爲「行禮之器」、「履也」、「所以事神致福」、「禮儀」、「示敬」諸義。稍後，又自「效用」方面觀之，「禮」字並有表現「威儀」、分辨「上下貴賤」、維繫「天地之序」、遵循「生活規範」、節制「國家法度」，以及與「用」相對之「體」，「從宜」、「別宜」之「宜」，「回報」之「報」諸解。至於「禮」字，尚有：㈠五禮、九禮之總稱；㈡禮經之稱；㈢易中之陰或坤；㈣通「醴」；㈤姓也諸義，惟因與本文所論，甚少關涉，故不予詳述。

當年辜鴻銘評論英譯禮記，以爲書名不應採用Rite（儀式、典禮），而應稱作Art（藝術）。辜氏此語，恰如周知堂所云：「當時覺得有點乖僻，其實卻是對的。」（註二）又英人斯諦耳（Dr. John Steels）博士，於其所譯儀禮序中，認爲「『禮節』並非僅爲一套儀式」，而實際爲「用以養成自制與整飾之動作習慣」。吾人如有「能領解萬物感受一切之心」，始有合乎「禮節」之「安詳容止」（註三）。斯諦耳氏將「禮節」視爲一項「安詳容止」，視爲一項「藝術」，似可代表部分人士、尤其西方人之觀點。但吾人須知，此一觀點，並無任何新創之處，理由爲：所謂「藝術」，應卽「適當之節制」；所謂「安詳容止」，應卽「不任性之態度」，此與禮記曲禮上「禮，不踰節」之說，正相符合焉。

第三節　禮之演變

甲、禮儀以名位爲依歸

禮起源於祭祀儀式。至於後世，「禮」之意義，日益「蛇蛻」豐贍，終至於分化成爲「一般世俗之禮儀」與「社會道德之規範」兩項內涵。

現存儀禮，共計十七篇。一般而言，皆當時既已施行之禮制。由於其中多屬士人之禮，因而或亦稱之爲「士禮」。就內容論之，全書踵事增華者居多，表示誠意者較少，可謂「宗教儀式」與「風俗習慣」之混合（註四）。儀禮自卷一士冠禮、卷二士昏禮、卷三士相見禮、卷四鄉飲酒禮、卷五鄉射禮、卷六燕禮、卷七大射、卷八聘禮、卷九公食大夫禮，至卷十覲禮，於當事者之「身分」「品位」，類皆十分注重。例如：

士冠禮：「主人玄冠朝服，緇帶素韠，即位于門東西面。有司如主人服，即位于西方，東面北上。」

士昏禮：「主人筵于戶西，西上右几。使者玄端至。擯者出請事，入告。」

上引兩文，均充分顯現對世俗權威之畏懼與尊敬，應屬於「世俗禮儀」範圍之內。

又，自卷十一喪服、卷十二士喪禮、卷十三既夕禮、卷十四士虞禮、卷十五特牲饋食禮、卷十六少牢饋食禮，至卷十七有司徹，大都爲有關吉凶之禮儀。例如：

士喪禮：「奠由楹內入于室，醴酒北面。設豆右菹，菹南栗，栗東脯豚，當豆；魚次腊特于俎北，醴酒在籩南巾如初。既錯者出，立于戶西，西上祝後闔戶，先由楹西降自西階，婦人踊；奠者由重南東，丈夫踊。」

特牲饋食禮：「祝迎尸于門外。主人降立于阼階東。尸入門左，北面盥，宗人授巾。尸至于階，祝延尸，尸升入，祝先，主人從。尸卽席坐，主人拜妥尸。尸答拜執奠，祝饗，主人拜如初。」

二則引文所述刻板瑣碎，惟均顯示濃厚之宗教色彩。

一切禮儀規則，皆由封建制度下宗法之名位所決定。周初行封建，個人所行使之權利，以及所應盡之義務，決不可超出宗法名位範圍一步。通常情形，所謂宗法名位之高低，與個人擁有之智慧、才能與力量全無關係。據吾人所知，宗法名位之產生，完全因出生之自然事實而作決定。例如：

左傳桓公二年：「名以制義，義以出禮。」

晉大夫師服所謂「制義」，應作「制定合於正義之秩序」解；所謂「出禮」，可解作「產生禮儀規定」。師服之言，正足以印證前說也。

左傳莊公十八年：「王命諸侯，名位不同，禮亦異數，不以禮假人。」

蓋周行封建之初，號封公而晉封侯，名位既有不同，周天子相待之禮，豈可相等？此項引文，亦可印證春秋時代所重視者爲禮，而「禮」之重心，爲「名位」之辨而已。

桓公二年，晉大夫師服之言，旨在說明「禮」以「名位」爲依歸；莊公十八年，左氏之論，要在使受封者各守其「名位」，進而能各自調和，以免相互衝突。能分別「名位」之不同，然後始可維繫封建制度於不墜。職是之故，封建時期，無論就國家政治、社會秩序、個人生活規範而言，必須以「禮」爲一切設施之重心。

乙、禮爲處理政事之常軌

周代初年，受封建制度與宗法社會之影響，「禮」成爲上自王、侯、卿、士，下迄庶民，身分地位之具體表徵，已如上述；然後並逐漸演化，漸漸形成政治「秩序」之所寄。至此階段，禮一方面成爲國家處理政事之常軌，另一方面又變爲吾人立身行世之標準。

春秋左氏傳，爲左丘明及其子孫共同所作（註五）。其書，取材於魯史官之記錄，實爲春秋時代最爲詳盡之史集。書中有甚多寶貴之史實。尤以有關「禮」之言論，爲數甚夥。茲分「處理政事之常軌」與「日常生活之規範」兩項，分別抄錄有關記載如下：

左傳隱公十一年：「禮，經國家，定社稷，序民人，利後嗣者也。」

此言禮之作用，在維持國家之綱紀，使社稷安定，人民各守其業，井然有序，後代子孫無累也。

左傳莊公二十三年曹劌諫莊公，曰：「夫禮，所以整民也。故會以訓上下之則，制財用之節。

朝以正班爵之義，帥長幼之序，征伐以討其不然。」

此乃說明「禮」之功用，在於「調整、嚴肅治民之事」。因是，此之所謂「禮」，乃指「國家之法制」。會朝，諸侯禮也。諸侯會朝之「禮」，可以訓導人民，使能培養上下之觀念，然後依上下等級以制定各項財用標準。諸侯會朝，目的止在重視爵位與秩序，凡事皆循長幼尊卑而定。征伐，軍禮也；其目的，在於處置不從命令者。由此可見，「禮」之範圍，已擴及一般政務活動，凡政事之須遵循一定規範者，皆「禮」也。如諸侯會朝及征伐之事等皆是也。

左傳僖公十一年，記「內史」過之言曰：「禮，國之幹也。」

意謂「禮」爲國之「根本」、或國之「主體」之意。

左傳僖公二十八年，先軫言曰：「定人之謂禮。」

「定人」者，「定人之國」也。意指：處理國際事務時，如能使別國政權穩定，亦當屬於合乎禮之行爲。

左傳成公十二年：「政以禮成，民是以息。」

所謂「政以禮成」，乃指政治之推行，必須透過「禮教」之施行，方可圓滿達成禮治之標準，如是人民得以休養生息。

左傳襄公二十一年記叔向之言曰：「會朝，禮之經也；禮，政之輿也；政，身之守也。怠禮失政，失政不立。」

此言「爲政」之目的，在使人民得以「安身」。而政治之推行，必依禮而行。至於禮儀之中，當以諸侯會朝之儀節，爲最重要之一環。爲國若怠忽禮教，其政必將失敗；而政治失敗，國將無以自存也。

左傳襄公二十六年：「古之治民者，勸賞而畏刑，恤民不倦。……是以……勸賞……畏刑……恤民……三者，禮之大節也。有禮，無敗。」

此言古之王者牧民，皆喜多予獎勵，而不願使用刑罰，並對人民多加體恤。因是愛獎勵，不用刑，恤其民三者，爲國家推行禮制之要務。國如有禮，終必不敗。

左傳昭公五年：「禮，所以守其國，行其政令，無失其民者也。」

此言禮之作用，在於保衞國家、推行政令、無傷人民擁戴政府之一項設施。

左傳昭公九年屠蒯言：「禮以行事。」

「行事」者，或指「政令」（見范甯注），或指「行吉凶之事」（見日人竹添光鴻箋）。

左傳昭公十五年：「禮，王之大經也。」

此言王者經紀國家之常法。

左傳昭公十六年記子產之言曰：「無禮以定其位之患。」

此語，言外有「禮」可以「定其位」之意。位，「國體」也。意謂：大小國家必須推行禮制，方可收安定國體之效（用日人竹添光鴻箋）。

左傳昭公二十五年：「禮，上下之紀，天地之經緯也，民之所以生也。」

此言禮爲維持政治上君臣尊卑之法紀，亦爲萬物遵行之常法，所有人類均賴之生存。

以上十一則，皆言「禮」爲治國、理民之要務。自「禮」之重要言之，既曰：「禮，國之幹也。」「禮，王之大經也。」「禮以定其位。」又曰：「禮，上下之紀，天地之經緯也；民之所以生也。」然後更就「禮」之功用言之，既曰：「禮，經國家，定社稷，序民人，利後嗣者也。」「夫禮，所以整民也。」又曰：「禮，所以守其國，行其政令，無失其民者也。」又曰：「禮以行事。」於封建制度之下，國政之中，「會朝」爲重要事務，因是之故，既曰：「會以訓上下之則，……朝以正班爵之義，帥長幼之序。」又曰：「會朝，禮之經也。」國政之中，外交事務爲重要之一環，因而亦曰：「定人之謂禮」。

丙、禮爲個人日常生活之規範

左傳僖公二十七年：「禮樂，德之則也。」

禮樂活動，乃考察吾人品德之準繩。

左傳成公十三年，孟獻子言曰：「禮，身之幹也。」

左傳昭公七年，孟僖子言曰：「禮，人之幹也，無禮無以立。」

凡此均言：禮有如人之背脊、樹之主幹。人而無脊骨，樹而無主幹，當難自立於世也。

左傳成公十三年，引劉康公言曰：「是以有動作、禮義、威儀之則，以定命也。能者養之以福，不能者敗以取禍。」

此言進退周旋等禮儀、以及上下貴賤丰采之表現，均能達到最高標準，自可長久維持天命，保有政權。否則，必將遭受失敗而自取災禍。

左傳襄公十三年：「讓，禮之主也。」

謙讓，乃禮法之主體也。

左傳定公十五年子貢言曰：「夫禮，死生存亡之體也。」

此言人不可一日無禮，此猶身體可決定人之生死存亡。

以上六則，皆言「禮」爲「個人道德準則」。人之生死存亡，極爲重要。左氏傳中既曰：「禮樂，德之則也。」「禮，身之幹也。」「禮，人之幹也。」又曰：「夫禮，死生存亡之體也。」就「禮」之作用而言，書中曰：「禮義、威儀之則，以定命也。」就「禮」之精神所在而言，書中曰：「讓，禮之主也。」綜上引文，左氏傳言「禮」涉及個人者六則，言及國家者十一則，或推測曰：春秋時代，禮有「個人生活規範」之義，必出之晚，或較不重要。吾人須知，此係假想，並非必然可信，主要在於左氏之書，皆史官所記之征戰、會盟、報聘……等大事，言及個人生活瑣事殊少之故也。

丁、禮之主要精神——敬、讓、恭、儉

左傳僖公十一年：「敬，禮之輿也。」

輿，擧也，此當「行」字解。此言：人如有敬事精神，禮制自可得以正常推行（用日人竹添光鴻箋意）

左傳僖公十一年：「不敬，則禮不行；禮不行，則上下昏，何以長世？」

推行禮制，必須具備敬事精神。國若不行禮制，則君臣上下必生混亂。此等國家，何能久立斯世？

左傳僖公二十七年：「民未知禮，未生其共。」

此言：不知「禮制」之先，不能產生恭敬之心。

左傳成公十二年，記晉大夫郤至之言曰：「世之治也，……共儉以行禮，而慈惠以布政。政以禮成，民是以息。」

吾人若欲國家達於治世，必須以「恭敬」「儉省」之方式執行各項禮儀。意謂「禮儀」所注重者在於具有「恭敬」之心，而不必斤斤於「奢侈」之繁文縟節。

左傳成公十三年：「勤禮莫如致敬，盡力莫如敦篤。」

此言勤力於禮，要在充分表達內心之敬意；竭盡己力，必須心存敦厚篤實。

左傳襄公十三年：「讓，禮之主也。」

以上六則，皆所以說明「禮」之「精神所在」，亦卽所謂「禮之主要內涵」何在。綜其所述，在於說明：敬事精神與恭敬態度，皆爲「禮」之主要內涵。由正面而言，曰：「敬，禮之輿也。」自反面言之，曰：「不敬，則禮不行。」最後述及禮之行動，亦可因反射而生恭敬之心，言曰：「民未知禮，未生其恭。」此外，並言「讓」爲禮之內涵，曰：「讓，禮之主也。」更因「恭」而言及「儉」，所謂「儉」，亦卽所謂「戒奢」之意，左氏言曰「共儉以行禮，而慈惠以布政」也。

左傳文公十五年：「遠禮不如死。」

此言違背禮制，生不如死。

左傳昭公二十五年昭子言曰：「無禮必亡。」

此言統治者如不能遵行禮制，將難逃出奔去國之命運。

以上二則引文，既可反襯「禮」之重要，亦可用爲「緒論」之結語。

綜上所述，首就「禮」之原始義蘊，概陳其要。復就殷周以次文獻，有關「禮」之衍化，依序略擧大端，以證「禮」之內涵，由「單純」而引申爲繁複之多義性，漸次臻於包容深廣、萬彙畢具之境。數千年來，因後繼者承孔孟荀之遺緒而大張其義，「禮」之裨益於華夏文化生命者，彰彰可考。本章概述，乃總標其綱；至於別詳其目部份，當於以下各章論之。

【附註】

註一：見王國維觀堂集林卷六釋禮。

註二：見北新版「雨天的書」中「生活之藝術」一文。

註三：引自 John Steels, trans., The I-Li or Book of Etiquette and Ceremonial, (Taipei : Ch'eng-Wen Pub., 1966), Preface.

註四：參見朱自清經典常談中「三禮第五」。

註五：參見張心澂僞書通考、經部、春秋類、春秋左氏傳，頁四七三

第二章　孔孟荀禮學之要義

第一節　孔子之禮論

陳大齊先生孔子學說一書，列擧「禮」有「理」、「體」、「履」三釋（註一），歷來爲學者所樂於引述。釋爲「理」者，若禮記仲尼燕居篇所謂「禮也者，理也」；釋爲「體」者，若禮記禮器篇所謂「禮也者，猶體也」；釋爲「履」者，若爾雅釋言「履，禮也」、說文「禮，履也」、及禮記祭義篇所謂「禮者，履此者也」。孔子所用之「禮」，自孔子論禮功用諸文推之，「履」字一釋，最爲接近。蓋孔子一生最重視者，乃在「躬行自致」也。所謂「躬行」，據論語述而篇，應作今之「實踐」解；所謂「自致」，卽「自盡其極」、「自我達成目標」之意。案之論語全書，記孔子言仁，絕不言「仁者爲何」、抑「何者爲仁」？所述者惟在「何以踐仁」、抑「何以爲仁」耳！無他，夫子之道，卽由踐仁中言仁也。準是而言，孔子不曰「何者爲禮」，不予「禮」字以定義，僅由「踐禮」中言「

禮」耳！

論語八佾篇：子曰：「夏禮，吾能言之；杞不足徵也。殷禮，吾能言之；宋不足徵也。文獻不足故也。足，則吾能徵之矣。」

「杞」，周之封國，周武王爲天子，封夏之後裔於杞。「徵」，朱註「證」也。「宋」，周之封國，周武王爲天子，封商之後裔於宋。「文獻」，朱註「文，典籍也；獻，賢也」。孔子慨夏殷之禮無傳，意曰禮必有據而後傳，言必有徵而始信。夏禹所創之禮，吾能言之，然杞雖爲夏之後而莫能存夏之禮，故不足取以爲證。殷湯所創之禮，吾能言之，然宋雖爲殷之後而莫能存殷之禮，故亦不足取以爲證。杞宋之所以不足徵者何也？蓋典籍載禮之「文」與賢人識禮之「獻」不足故也。使「文獻」若足，則吾能取之以證吾言矣，今也不足，不深可惜哉！左傳記韓宣子言「周禮盡在魯矣」（註二），孔子生於魯，且自言「吾學周禮，今用之，吾從周」（註三），因學術環境之客觀條件至爲優越，其集上古學術大成以言「禮」，此爲不可不注意及之者。本節據原典抉其首要者，略就「本於誠」「根於孝」「攝於仁」「歸於義」等申論之。

甲、禮「本於誠」「根於孝」

論語八佾篇：林放問禮之本。子曰：「大哉問！禮，與其奢也，寧儉；喪，與其易也，寧戚。」

林放問「禮之本」，孔子雖美之曰「大哉問」，惟未嘗直接予「禮」以具體之釋義，僅於「踐禮」之中，對「禮」加以間接說明而已。此章所記孔子之言，無異說明「禮之根源」或「禮之精神」。朱熹注云：「凡物之理，必先有質而後有文，則質乃禮之本也。」意謂：質先爲本、文後爲末，此乃物之常理。又注子夏問巧笑倩兮章云：「禮必以忠信爲質，猶繪事必以粉素爲先。」此言「禮之質」卽「禮之本」也。「禮之本」在「忠」與「信」之表現。所謂「忠」「信」何也？忠，說文云「敬也」。荀子禮論篇「其忠至矣」，楊倞注云「忠，誠也」。信，說文云「誠也」。廣雅釋詁一「信，敬也」。朱註所謂「忠信爲質」，亦卽以「誠敬爲內容」之意。子夏問禮，以「繪事後素」而悟及「禮後」。蓋人必有眞性情，然後可以行禮，猶淑媛之必先有「巧笑」「美目」，而後可以施脂粉也。否則，禮將成爲虛僞形式，無其實在本質。

史記樂書：「中正無邪，禮之質也。」張守節史記正義注云：「明禮，情也。質，本也。禮以內心中正，無有邪僻，是禮之本。」

綜上所引文字：質，本也；淮南子繆稱篇「不戴其情」，高誘注「情，誠也」；意謂禮之本在於表現「內心之誠意」，亦卽所謂內心之「中正無邪」也。因禮自吾人內心所出，故踐禮之時，必須「內心中正，無有邪僻」，方合乎禮之根本。

觀乎孔子之言，知踐行禮儀，其根本精神在於表現「誠意」，而不必斤斤於儀式中之繁文縟節因孔子重視「精神」，主張誠意，故其曰：禮，寧儉毋奢；喪，寧戚毋易。蓋孔子因時人隨俗逐末，習於繁文，徒知行禮如儀，而缺乏誠心，今見林放有斯問，故大其問。吾人踐禮如得其本，則禮之全體無不在其中矣！禮貴得中，奢與儉皆非中也。是以禮之表現，以「適度」爲是。不儉不奢，即所謂「中」。中，有「適度」之意。

論語陽貨篇：子曰：「禮云禮云，玉帛云乎哉？樂云樂云，鐘鼓云乎哉？」

禮之本在「誠」，玉帛云者，乃踐「禮」所用之物，禮之末也。夫子欲人探禮之本，曰：人皆執玉帛以云禮也，而不知禮必有爲之本者，特假玉帛以將之耳。「禮云禮云」，徒「玉帛云乎哉」？徒有玉帛之幣，而遺禮之本，豈足云「禮」哉？吾人如徒重儀式，而習於禮之繁文縟節，必蹈虛情而失純性。然則禮之所以爲禮，在於涵蘊情操之實質，不在玉帛互贈之文飾。足證孔子言禮，不專尚虛文。

論語八佾篇：祭如在，祭神如神在。子曰：「吾不與祭，如不祭。」

「祭」，祭先祖也。「祭神」，指祭先祖以外之衆神也。「與」，參預也。此段引文，言祭祀以「誠」爲本，故當其祭先祖也，孝心純篤，恍如先祖之在位；當其祭衆神也，敬心專一，儼如神明之在上也。又記孔子之言曰：當祭之時，或有故不得參預而使他人攝之，則不得致其「如在」之「誠」，故雖已「祭」，而此心缺然如未嘗「祭」也。凡此，足以肯定孔門言「祭」禮，亦總歸攝諸一「誠」字。其「祀先」「事天」之「禮」（註四），乃源自宗教意識趨向者，均可據此互爲論證也。

論語八佾篇：子貢欲去告朔之餼羊。子曰：「賜也！爾愛其羊，我愛其禮！」

周自幽王之後，不復有「告朔」之禮，惟其時魯國，尙循例供奉餼羊，子貢以其無實而虛妄，議欲去之。孔子頗不以爲然，仍主供奉。有人以此誣孔子重視虛文，實則不然，劉寶楠論語正義引包咸之言曰：「羊存，猶以識其禮；羊亡，禮遂廢。」自有其價值存焉。蓋告朔之禮雖已不行，然循例「供羊」之祭猶存，不僅後世尚可藉以考見此一古制，並足以表現魯國對此古禮重視之情也。

總而言之，禮之本在於「誠」，講求儀文，禮之末也。意誠心正，中正無邪，爲禮之最高境界，亦卽孔子之所謂「禮之本」也。人人如能禮自「誠」出，始不至有「周衰，世方以文滅質」之弊。

論語爲政篇：孟懿子問孝。子曰：「無違。」樊遲御，子告之曰：「孟孫問孝於我，我對曰『無違』。」樊遲曰：「何謂也？」子曰：「生，事之以禮；死，葬之以禮，祭之以禮。」

「無違」，謂「無違於『禮』」也。古人凡「背禮」者卽謂之「違」，如左傳桓公二年「君人者將昭德塞『違』，……今滅德立『違』，……君『違』，不忘諫之以德」；襄公二十六年「恤其患而補其闕，正其『違』而治其煩」；以上四「違」字均是。「生，事之以『禮』」，據邢昺疏：「『禮』蓋指「冬溫夏凊，昏定晨省」之屬；「死，葬之以『禮』」，蓋指「爲之棺椁衣衾而擧之，卜其宅兆而安厝之」之屬；「祭之以『禮』」，蓋指「春秋祭祀，以時思之；陳其簠簋而哀戚之」之屬。所引爲政篇文字，乃記孟懿子問孝。初，孔子止答以「無違於禮」。他日，樊遲御車，孔子復述其事。樊遲問曰：「（無違）何謂也？」孔子曰：「父母健在，當以『禮』奉事；死後，以『禮』安葬，以『禮』祭祀。」邢昺疏所謂「生」時「冬溫夏凊，昏定晨省」，乃謂凡致愛致敬一循乎得爲之分也；所謂「葬」時，「棺椁衣衾，宅兆安厝」，乃謂凡椁衾宅兆一循乎得爲之分也；所謂「祭」時，「簠簋哀戚」，乃謂凡俎豆儀文一循乎得爲之分也。凡此種種，皆所以「盡孝」。而孔子曰：「生，事之以『禮』；

死，葬之以『禮』，祭之以『禮』。」上述諸「盡孝」之行，皆所以「守禮」也。換言之，子女之事親「盡孝」，發於天性本然之深邃處，盡孝卽以盡禮，乃自「宗族倫常義」以顯「禮」也。孔門之孝道觀，發端於家庭，看似狹隘；而拓大「禮」所涵蓋之寬廣度，實基於「孝」也。論語各章論孝，均可據此推之，本節不及備擧。而「孝道」灌注「禮敎」以張其義者，當於此根源處深切體認，此儒家學說之精粹課題，不可不鄭重言之。

乙、禮「攝於仁」「歸於義」

吾人於討論孔子禮學之前，爲說明之便，必須於「仁」、「義」、「禮」三者，加以粗略研究。論語書中，據統計，言「仁」者凡一〇六次，言「義」者凡二十二次，言「禮」者凡七十五次，可見三者於孔學之旨，皆極爲重要。然後，並進一步推求其相互間之關係，否則，必有意義不明、觀念混亂之感。

先言「仁」。

「仁」爲孔子學說之中心，亦其思想系統中之終極所在。

孔子倫理思想中，「禮」爲道德之的彀，「仁」乃道德之準繩。因而「禮」爲「仁」之用，而「仁」爲「禮」之原、「禮」之體。據朱熹集註：「仁者，本心之全德。」所謂「本心之全德」，乃「發自本然良心、完美無缺之德行」之意。於孔子時代，中國哲學理論，於「自我問題」與稍後出現之各說相比，雖較遜色，但孔子之有關學說，於論語書中已有相當之流露。孔子一生，最爲强調之價值，即爲一「仁」字。孔子之所謂「仁」，實代表其自我境界之主張。

論語雍也篇：「夫仁者，己欲立而立人，己欲達而達人。能近取譬，可謂仁之方也已。」此引孔子之言，釋「仁」最爲清晰。茲將引文分爲兩節說明。先言首節（自「夫仁者」至「己欲達而達人」）大意：「立」，據論語正義作「三十而立」之「立」解，有「堅定不移」或「自立」之意。但此解不如下解爲善。「立」，亦作「立人之道，曰仁與義」（註五）之「立」解，有「樹立」之意。因是所謂「己欲立」，意謂「自身欲在『仁』『義』方面有所建樹」也；「而立人」，蓋謂「然後使人亦身能立道」之意。「達」，作「賜也達」（註六）之「達」解，集註：「達」，「通事理」也。所謂「己欲達」，意謂「自身欲通曉其所以行道之理」也，亦即「於其所以立道之理有所通達」之意；「而達人」，謂「然後使人亦能於其立道之理有所通達」也。

後節（自「能近取譬」至「仁之方也已」）大意：「能近取譬」，謂「近取諸身，以己所欲，譬之他人」也；有「自近處著手，因己之欲如何如何，而欲使彼亦能如何如何」之意；亦指「爲仁之法，在於推己及人，因己之欲，推以知人之欲」也。「可謂仁之方也已」，意謂「（如此一步一步做去），可謂實踐『仁』道之途徑矣」。

因己之欲，推以知人之欲，即「己欲立而立人，己欲達而達人」之意，亦即所謂「忠」也。因己之不欲，推以知人之不欲，即「己所不欲，勿施於人」之意，亦即所謂「恕」也。能行「忠恕」之道，即能行「仁」。孔子一貫之道爲「忠恕」，換言之，孔子一貫之道爲「仁」也。

此引文字，乃由於子貢以謂：「仁」高不可攀，孔子對如此爲「仁」、或發揮「仁」心所作之說明。此處所論，乃「仁」之本義，語意最爲淸晰。吾人須注意者爲：孔子之所謂「仁」，有「視人如己」之意，或即「淨除私念」、或「大公無私」之境界。

吾人於本節發端，對禮之本末，已有討論，並曾言及孔子不曰「何者爲禮」，不予「禮」字以定義，亦猶其不曰「仁」、不言「仁」者爲何，而僅於「踐禮」中言「禮」，於由「踐仁」中言「仁」也。於此，須加討論者，止爲「禮」與「仁」之關係：

論語八佾篇：子曰：「人而不仁，如禮何？人而不仁，如樂何？」

禮記儒行篇云「禮節者，仁之貌也」。意謂：禮節乃仁之外在表現。言下之意，人之內心無仁在，則必無眞實禮貌表現於外。孔子曰「人而不仁，如禮何」？「如」，奈也。孔子因「人而不仁」，故有「奈此禮何」之歎。因人無誠敬之心，必虛應故事，難於踐行眞實之禮。由此可知：仁爲禮之原，亦即禮之原在乎仁也。禮由內心之「敬」所造作，非徒外在之虛文。人苟失其心之德而不仁，則無性情，雖踐行禮樂之文，適足增其虛僞而已。

論語顏淵篇：顏淵問仁。子曰：「克己復禮爲仁。一日克己復禮，天下歸仁焉！爲仁由己，而由人乎哉？」顏淵曰：「請問其目。」子曰：「非禮勿視。非禮勿聽。非禮勿言。非禮勿動。」

禮記曲禮上「道德仁義，非禮不成。教訓正俗，非禮不備。分爭辨訟，非禮不決」，如欲行仁義，要求一切行爲合乎道德標準，「非禮不成」；化民成俗，非推行禮教，不能臻於完美；分辨事理，非以禮作爲準則，難以作成決斷。

關於「克己復禮」一語，與「仁」之解釋有緊密關係，勢須加以研究。朱熹集註：「克，勝也；己，謂身之私欲也。」「克己」，應作「勝己之私欲」解，亦卽所謂「約束自身私欲」之意。集註引謝氏曰：「克己，須從『性偏』『難克』處克將去。」可見「克己功夫」並非輕易之事。朱熹曰：「爲仁由己，而非他人所能預。以見其機之在我，而無難也。」意謂：由於爲仁完全出諸己身之主動，他人無從參預，可見爲仁之動機在我。己身如欲爲仁，應無任何爲難之處。爲仁之心，與己身之私欲，必有衝突，故朱子集註再作解釋，其言曰：「日日克之，不以爲難，則私欲淨盡，天理流行，而仁不可勝用矣。」朱子之言，吾人須注意者有三：一、仁心爲禮之根源；二、爲仁須下克己功夫；三、言外之意，或有：因「仁由己出」，故而「禮亦爲內心之忠信表露」。

程子曾言「克制私欲」與「爲仁」間之相互關係，曰：「非禮處便是私意。既是私意，如何得仁？須是克盡己私，皆歸於禮，方始是仁。」不合乎「禮」者，卽屬「私意」。吾人必須「克盡己私」，亦卽所謂有效「克制私欲」，然後「歸於禮」，方能求仁「得仁」。從「歸於『禮』」之「禮」，至「天下歸『仁』」之「仁」，須知其間尚有一段路程。據論語正義解釋「克己復禮，所以爲仁，『爲』猶『事』也，謂用力於仁也」。可知由「禮」至「仁」，必須「用力」於仁，亦卽多下一番克己功夫之意。

朱熹集註：「復，反也。禮者，天理之節文也。」所謂「天理之節文」，似作「由天然本性所表露之禮節文飾」解。朱子言下之意：禮乃「內心天然本性之表露」。「復」字，緊要。「復禮」，意謂：「禮乃出諸內心本性」者也。「復禮」，乃吾人心中經過一番克制私欲功夫，「復又歸於禮」之謂也。程子曰：「非禮處便是私意。既是私意，如何得仁？」並進一步言曰：「須是克盡己私，皆歸於禮，方始是仁。」由於人能「克己復禮」，正如程子所言，則吾人行事，「事事皆仁」矣。因「事事皆仁」，故孔子之言曰「天下歸仁」焉。吾人於此，可知：「禮」以「仁」爲其基礎。因爲「克己復禮爲仁」，所以「非禮勿視，非禮勿聽，非禮勿言，非禮勿動」四語，明白顯示：視、聽、言、動皆須服從「禮」之指導。因而「禮」成爲可否視、聽、言、動之標準。因爲「克己復禮爲仁」，所以不但「仁」之四目應接受「禮」之指導，卽使作爲諸德集合體之「仁」，亦須接受「禮」之指導。能合於「禮」，方爲眞正之「仁」。不合於「禮」，貌似「仁」而實非「仁」。吾人於此，可知仁之德性本質，其透顯於善端者，關係於「禮」至爲緊要也。

　論語衛靈公篇：子曰：「知及之，仁不能守之，雖得之，必失之。知及之，仁能守之，不莊以涖之，則民不敬。知及之，仁能守之，莊以涖之，動之不以禮，未善也。」

此章所言乃「治國爲政」之道也。「知」，智也，實指「政令」、「條敎（作「條例、敎令」解）」而言，「知及之」，言「（在位者）才智足以釐訂條敎、推行政令（卽「治國爲政」）」。如其人之才智足以治國爲政，但無法克制其私欲，不能堅守仁德之心、行。則雖得其民之心有道，終必「失其民之心」

也。在位者之才智足以治國爲政，並能堅守仁德之原則，但若臨治人民而無莊重之「威儀」，人民必不加尊敬。在位者之才智足以爲政，並能堅守仁德之原則，臨治人民而有莊重之威儀，但若不以「禮」感動人民，猶未爲善也。此一章中，係言臨治人民之問題，孔子以爲：爲政首應注意行仁。然後進一步言「以禮動民」之重要。

上述解說，係以劉寶楠論語正義爲依據。劉說之所謂「威儀」，其範圍與功用有詳細解說，其言曰：「君有君之威儀，其臣畏而愛之，則而象之，故能有其國家，令聞長世。臣（指其在爲臣之職位）有臣之威儀，其下畏而愛之，故能守其官職，保族宜家。」至於禮之內容與表現，則曰：「君子（包括君與臣）在位可畏，施舍可愛，進退可度，周旋可則，容止可觀，作事可法，德行可象，聲氣可樂，動作有文，言語有章，以臨其下，謂之有威儀也。」

「動之不以禮」之「禮」字，細審劉氏正義文字，似指「威儀」而言，或亦包括「理」「分」諸釋。果如是，則與本書第一章「緒論」所作之「釋禮」相通矣！

關於「仁」與「禮」之關係，前已言之，今就「義」「禮」表裏相依之情形，說明其關係如下：孔子言論中有「仁」與「義」兩項觀念。「仁」與「義」，在精神上極爲相似，應皆屬於「德性」之「我」。

論語衞靈公篇：「子曰：「志士仁人，無求生以害仁，有殺身以成仁。」

此項引文，說明兩點：一、「無求生以害仁」，所謂「害仁」，卽一般之所謂因「求生」而「亡義」；

「有殺身以成仁」，亦卽一般之所謂以「舍生」而「取義」；二、能行「義」者，必爲「仁人」。吾人可以確知：孔子以謂就「形軀」之「我」而言，形軀之生死既不足計，則其他「形軀」之「欲」，亦卽所謂「利」，其不足考慮自不待言。因之，孔子主張：吾人必須用心於「是非」問題，而不必顧及身軀之榮辱或存亡。所謂「是非」之辨，卽「合宜」與否之考慮。分辨「合宜」與否之標準，卽所謂「義」也。

論語里仁篇：子曰：「唯仁者能好人，能惡人。」

「唯」，獨也。「好」，喜好也。「惡」，厭惡也。此處之「好」、「惡」，應不指普通心理反應。就一般情緒而言，人皆有其「好」「惡」，何必「仁者」？據吾人推測，「好」「惡」乃指「依理分辨以後所作之評斷」而言，其考慮之標準，爲自身之「利」。「仁者」立公心，無私念，對一切事物必可依理而作價值判斷。果如此，則所引孔子言語中之「好」「惡」，乃指普偏義之「肯定」（好）與「否定」（惡）解。普通人所作之「好」「惡」反應，考慮者爲自身之「利益」；而「仁者」所考慮者爲依理、依「義」所作之決定。

論語里仁篇：子曰：「苟志於仁矣，無惡也。」

「苟」，誠也。「志於仁」，謂「志於行仁」也。「無惡」之「惡」，據正義作「惡行」解。所引文字，言：人若誠能志於仁，則是爲行之善者，故其餘行皆善，無惡行也。

吾人若依從「私念」，則必求自身之「利」；依從「公心」作判斷，則必求其合乎「義」。「仁」

既指「公心」而言，則「仁」當爲「義」之根本。一般而言，「義」當指其「正正當當」、「合理合法」，而人之行事，其所以求其「正正當當」、「合理合法」，乃由於人之能建立一「大公無私之心」故也。若「公心」不立，則必沈溺於私「利」之中；「公心」既已建立，自能循乎事理而行之。是以「仁」爲「義」之基礎；「義」乃「仁」之表現。故「義」之依於「仁」，亦猶「禮」之依於「義」也。

以上所述，乃由「仁」至「義」；以下所言，係「義」與「禮」之關係。

論語衛靈公篇：「子曰：「君子義以爲質，禮以行之，孫以出之，信以成之，君子哉！」「義」者，宜也，人行事所宜也。「質」者，本也，即「質幹」、「根本」之意。「義以爲質」者，「人行事所宜」也，有「在位者以『人義』爲其根本」之意。「人義」，「人之宜」也，即今之所謂「人與人相處、行其所宜之事」也，亦即「人與人間最適宜之關係」之意。據禮記禮運篇云：「父慈、子孝、兄良、弟弟、夫義、婦聽、長惠、幼順、君仁、臣忠十者，謂之人義。」在位者如能以禮節實踐人義，以遜讓表達人義，以信實完成人義，才算得上君子，才算得上「標準」「稱職」之「在位者」。所謂「禮以行之」，即「照禮而行事」之意。據劉寶楠論語正義，「修十義，講信修睦，尚辭讓，去爭奪」，均須以「禮」爲行事標準。人與人間，如欲有最適宜之人倫關係、相互之間如欲講信修睦、並提高辭讓風氣、摒棄爭奪行爲，捨禮教何以達成目的？「禮以行之」者，意謂「循尊卑之分，視彼此之勢，準禮而行也」（註七）。因「禮」爲「義」之規矩準繩，可用以作最適宜之表現，即所謂「禮以行義」。果如是，則無往而不爲方圓平直也。左傳僖公二十八年曰「禮以行義，信以守禮」、荀子大略篇云「行義以禮，然後義也」，並可以相發。凡「義」之與「禮」，宜加分別，苟恃其「義」，而不顧彼此之「分」、「勢」直行之，不亦遠於「禮」乎？

「孫以出之，信以成之」，意謂：以謙遜之心情表達「義」，以信實之態度達成「義」。朱熹集註引程子之言，以爲「君子義以爲質，禮以行之，孫以出之，信以成之」四句，「只是一事」，說明禮「以義爲本」。禮記禮運篇「其居人也曰義」章，與論語此章義亦相近。禮運篇云：「其居人也曰義，其行之以貨力、辭讓：飲食、冠、昏、喪、祭、射、御、朝、聘。」禮記此篇於「禮」字亦有解釋。但於引述之先，若干辭語須加說明，否則難解其意：「其」，指「禮」。「居人」，猶言「在人」，於此作「於人羣社會」解。「其居人也曰義」，意謂：禮應用於人羣社會卽是「義」，卽是「人宜」，亦卽「社會之人與人間最適宜者」。「貨力」，指行「禮」時所用之「財貨」與「人力」。「辭讓」，指「推謝」與「退讓」，視上下文義，應作「其行之以辭讓」解。如此，所引禮運篇文句，可解作：「禮應用於人羣社會，在飲食、或行冠、昏、喪、祭、射、御、朝、聘等禮時，費財貨、費精力所作『人義』之表現」。

論語子路篇：「上好禮，則民莫敢不敬；上好義，則民莫敢不服；上好信，則民莫敢不用情。」「不敬」，謂「相慢」也，「民」之「莫敢相慢」，與「上」之「好禮」相應。「不服」，謂「不悅服而有私議」也，「民」之「莫敢不服」，與「上」之「好義」相應。由於「莫敢相慢」與「悅服而無私議」，內容相近，一自消極方面言之，一具部分積極意義，雖言辭有別，實則內涵相通，極爲相近也。

由以上兩節引文，似可確定：「義」與「禮」內涵相近，極爲近似，又因「禮以行義」，可見兩者表裏相通，充分表明「義」與「禮」有非常密切之關係。於此，實有加以進一步推究之必要。

論語泰伯篇：「勇而『無禮』則亂。」

論語陽貨篇：「君子有勇而『無義』爲亂。」

以上兩則文字，同其爲「勇」，同其爲「亂」，而一則曰由於「無禮」，一則曰由於「無義」，用辭雖異，所言實爲一理。

論語泰伯篇：子曰：「恭而無禮則勞。愼而無禮則葸。勇而無禮則亂。直而無禮則絞。」

「勇而無禮則亂」句，出於泰伯篇，此外尙餘「恭而『無禮』則勞。愼而『無禮』則葸。……直而『無禮』則絞」三語，如將句中「無禮」之語，改爲「無義」，理亦無所變動。

論語八佾篇：「君使臣以禮。」

「使臣」，「（君主）役使臣下」「使喚臣下」之意。此「禮」字，指對臣下作「適當」之「統御」。

論語先進篇：「爲國以禮。」

「爲國」，治國也。孔子心目中，國君治國必須以「禮」爲之。此「禮」字，指國君之「施政」而言。

上引兩文中之「禮」字，皆指「君臣」之關係，嚴格言之，可稱之爲「義」，據陳大齊先生解說，此兩「禮」字皆涵蓋「內存」與「外現」者也（註八）。「治國」、「臨民」，既須有「爲民」之「

心」，更須有「福民」之「行」。「役使臣下」、「使喚臣下」，不可有「賤視」臣下、或「非禮」視之之「存心」，更不可有「非禮」之行爲表現。論語正義解說孔子「義以爲質，禮以行之」句，引禮記禮運篇「父慈、子孝、兄良、弟弟、夫義、婦聽、長惠、幼順、君仁、臣忠十者，謂之『人義』」爲說。由禮運篇，可知所謂「君仁」、「臣忠」，乃「人義」之一，「君」「臣」之間應守之「義」也。可見孔子之所謂守「禮」，亦即所謂守「義」也。「義」與「禮」，表裏相依，是以有「禮」處，必有其「義」焉。由理論言之，「禮」以「義」爲其實質。由實踐言之，「禮」「義」並存，不能分別施行。

丙、踐禮準則——敬、讓、恭、儉、和

論語八佾篇：子曰：「居上不寬，爲禮不敬，臨喪不哀，吾何以觀之哉？」

「居上」，言「居於上位」也。「寬」，謂「度量寬宏」也。「居上」當「寬」，謂居上位者對其臣屬或庶人，必具寬宏之量。因「寬以待人」，亦爲「仁德」之表現，孔子答子張問仁，告之以「寬」（註九），可以爲證。此語之意，蓋謂「君子御下，必須以仁」也。「爲禮」，行禮、施禮也。「禮」之精神，首要在乎「敬」；施「禮」如無「敬」意，何以觀之？「臨喪」，行喪禮之時，主要在表現哀傷之意，與「喪，與其易也，寧戚」（註一〇）之意正同。行喪禮而無哀傷意，必不成其爲喪禮也歟？因是孔子歎曰「何足觀哉」！

論語八佾篇：子入太廟，每事問。或曰：「孰謂鄹人之子知禮乎？入太廟，每事問。」子聞之曰：「是禮也！」

「太廟」，魯周公廟也。「孰」，誰也。「鄹人之子」，鄹，魯邑名，孔子父叔梁紇嘗爲鄹邑大夫，故用以稱孔子。「是禮也」，謂「此正所謂禮也」。此章記孔子入周公廟，每事必問，人或譏之曰：「誰謂鄹人之子稱能知禮乎？觀其入太廟也，每事必問於人，吾恐問者未必知也。」孔子聞之，曰：「吾之每事必問者，乃一念之敬謹，正爲禮之所在也。」此章見聖人爲禮辨之意，「子入太廟，每事問」二句，是就祭而問禮之詳；「孰謂鄹人之子」以下，是因人之譏而自明其爲禮也。禮以「敬」爲主，宗廟之事嚴矣，其大體聖人固無不知，至於有司之事，則亦有所不知者焉。孔子不知而問，昭其「敬」也。告之以「是禮」，非爲己辨，爲「禮」辨也，惡人不知「敬」謹之爲「禮」耳。朱註：「孔子言『是禮』者，敬謹之至，乃所以爲禮也。」意謂：孔子言其本人「入太廟，每事問」之事，「是禮也」。言詞之間，透露孔子「入太廟」後，對其參觀之行，表現滿懷敬意，而此種「敬」意之表現，正所謂「禮」也。朱註之意，與前列之說正相符合也。

論語顏淵篇：司馬牛憂曰：「人皆有兄弟，我獨亡！」子夏曰：「商聞之矣：『死生有命，富貴在天。君子敬而無失，與人恭而有禮，四海之內，皆兄弟也』！君子何患乎無兄弟也？」

「亡」，無也。「敬而無失」，言「敬以持己，而無過失」也。司馬牛有兄弟多人，卻憂歎其無「好」兄弟。子夏乃以「死生聽之命運，富貴由天安排」兩語以慰之。復勉以「凡能『敬』以持己者，必不出錯失；『恭』以待人者，其行皆合乎禮儀；如是則四海之內，皆爲『好』兄弟矣」。所引子夏之言，蓋欲司馬牛盡「敬」「恭」之修者也。於此，亦足以略窺孔門「禮教」之主要精神，在於「敬」「恭」兩端。

論語里仁篇：子曰：「能以禮讓爲國乎？何有？不能以禮讓爲國，如禮何？」

「爲國」，治國也。「何有」，「何難之有」也。「如『禮』何」之「禮」，指「徒具形式之『禮儀』」而言，非指「禮讓爲國」之「禮」之「精神」也。孔子設問曰：能以「禮讓」治國乎？自答曰：「何難之有？」言下之意，主政者以「禮讓」治國，國必可治矣！隨之，孔子又自反面加以說明，其言曰：如不能以「禮讓」治國，徒然具有「禮儀」形式，必難發生任何作用。

依劉寶楠論語正義，先王慮民之有爭也，故制爲「禮」以治之。「禮」者，所以齊一人之心志，抑制其血氣，使皆達於中和之境也。人必知「禮」然後「恭敬」，「恭敬」然後知「尊卑」「謙讓」，能「尊」「讓」然後「少長貴賤不相踰越」。一國之中如「少長貴賤不相踰越」，亦卽各守「禮法」，各守其分，則「亂不生」而「患不作」矣！故孔子以謂「禮讓」之可以治國也。因聖人之治國牧民，必欲治人之七情（七情者，指喜、怒、哀、懼、愛、惡、欲。治者，「修養」也。蓋指使人之七情能「去瑕穢」、「養菁華」也）；必欲使人守十義（十義者，指父慈、子孝、兄良、弟弟、夫義、婦聽、長惠、幼順、君仁、臣忠）；必欲使人得「講信、修睦」之利，去「爭奪相殺」之患；舍「禮」何以致之？此處劉氏之所謂「禮讓」、所謂治人之「七情」、使人守「十義」，以及得「人」之「利」，去「人」之「患」者，即春秋時代所謂「禮」之主要精神——敬、讓、恭、儉也（註一一）；絕非徒具「禮」之形式，即所謂「禮儀」者，所可獲致。

論語學而篇：子禽問於子貢曰：「夫子至於是邦也，必聞其政，求之與？抑與之與？」子貢曰：「夫子溫、良、恭、儉、讓以得之。夫子之求之也，其諸異乎人之求之與？」

於此，足見孔子每至一國，對其君臣之態度，即子貢所謂「溫」「良」「恭」「儉」「讓」五者，其中「恭」「儉」「讓」三者，即吾人於緒論中所謂之「禮之主要精神」也，他若「溫」「良」二者，亦莫不合乎「禮」之表現於外者，故孔子與君臣之態度，亦依「禮」以行。

論語八佾篇：子曰：「君子無所爭，必也射乎！揖讓而升，下而飲，其爭也君子。」

「揖」，說文云「讓」也。「升」，升堂也。「下」，下堂也。「飲」，指射不中者飲罰酒也。孔子以爲君子恭以持己，遜以安人，渾然一無所爭焉。若欲於無爭之中而求其有爭者，必也於「射」見之乎？惟將射之始，比耦而進，三揖三讓而後升堂以射；射畢揖降下堂，取觶立飲。是則於比「射」較勝負之際，亦不失其爲雍穆君子。此章雖爲言比「射」禮讓之事，全文却以「揖讓」二字，貫串「升」「下」「飲」三層次，惟「揖」者亦以行「讓」，是「讓」乃全章之主旨。孔子學說，自其「大」者而言，恆常「祖述堯舜」之禪讓，就「小」處而言射禮，亦著意於此也。

論語學而篇：有子曰：「信近於義，言可復也。恭近於禮，遠恥辱也，因不失其親，亦可宗也。」

此引有子之言，可分兩節說明。「信近於義，言可復也」爲第一節。「信」，「約信」也。「義」，

「合宜」也。朱註：「義，事之宜也。」韓愈原道：「行而宜之之謂義。」「復」，「踐言」也。左傳僖公九年「能欲復言而愛身乎」、哀公十六年「吾聞勝也好復言」，二處之「復言」，均可證其有「實踐諸言」之義，而此處所引論語「『言』可『復』也」，義當同此。此節文字，言與人約信，必先求其近於合宜、合理，方可踐守。反之，不能守信，勢難眞近於義，如是，則必不能踐行所言也。自「恭近於禮」以下，爲第二節。「恭」，敬也。「遠恥辱」，遠離恥辱之意。「宗」，主也。有子以爲：人須守「信」，必須近於「義」。除此之外，復須以合於「禮」儀之謙恭儀態待人，方能遠離恥辱。又，凡人所依賴者，皆與己有密切關係之人，如此則終身有所憑藉矣！吾人於此，可知「恭」實近於「禮」。換言之，亦卽說明「禮」之主要精神，「恭」，其一端也。

論語八佾篇：林放問禮之本。子曰：「大哉問！禮，與其奢也，寧儉；喪，與其易也，寧戚。」「奢」，奢侈也，亦卽侈陳種種排場也。「儉」，約也。「易」，治也，言習於喪禮節文而無哀痛之情也。「戚」，作「哀痛」解，言哀痛有餘而虛文不足也。孔子答林放問「禮之本」，云：凡人居喪，「易」「戚」均有所敝，非「禮」儀之「適」者也，然二者相較，則寧從其「戚」，蓋「易」者「哀不足」，「戚」者「哀有餘」也。「哀不足」而禮有餘與禮不足而「哀有餘」，同有所失，惟「哀有餘」遠較「哀不足」爲善，故曰「寧戚」。以此以推，禮貴得中，「奢」「儉」亦有所敝，然二者相較，則寧從其「儉」，毋從其「奢」，蓋「奢」者專事繁文而無哀痛之情，不若「儉」之哀有餘而虛文不備之善也。「儉者，物之質；戚者，心之誠」；是以朱子皆以爲「禮之本」。由是可知：「儉」

亦孔門「禮學」中之一項主要精神。

論語先進篇：子曰：「先進於禮樂，野人也。後進於禮樂，君子也。如用之則吾從先進。」

此章詮釋，歷來解說紛紜。就「前修未密，後出轉精」而觀，陳大齊先生之見，較有勝義：謂「先進於禮樂」者，卽言先進入禮樂之人。謂「後進於禮樂」者，卽言後進入禮樂之人。「野人」，指質勝文之人。「君子」，指文勝質之人。「如用之」，卽與論語子路篇「苟有用我者」及陽貨篇「如有用我者」同義，意卽「我倘然被任用」也（註一二）。孔子意謂：先行進入禮樂精髓之人，乃質勝於文之人也；後進入禮樂精髓之人，乃文勝於質之人。我倘然被任用，願遵行先行進入禮樂者之途，用以闡發禮樂之精髓。孔子原本主張文質並重者，故於論語雍也篇上云「文質彬彬，然後君子」。惟若不能文質並重，則與其文勝質，不如質勝文。因禮樂必先自內在心靈奠其初基，則躋於君子之境者，始可循序而進至更高層次也。

論語學而篇：有子曰：「禮之用，和爲貴。先王之道，斯爲美；小大由之。有所不行，知和而和，不以禮節之，亦不可行也。」

「用」，作「施用」解，說文云「用，可施行也，从卜中，衞宏說」；所謂「禮之用」，卽「禮之施行」或「施禮」之意。「和爲貴」，謂「以和諧爲可貴」也。邢昺疏：「『和』謂『樂』也，『樂』主『和同』，故謂『樂』爲『和』。」意謂：「和」者，卽所謂「樂」之「和同」也。「和同」，謂「和洽同心」，當有今之「和諧」意。「斯」，指「禮」而言。「有所不行」，言如此亦有所不能行者。據吾人所知，禮主於「敬」、主於「讓」、主於「恭」、主於「儉」，故禮之施行，以與人建立和諧關係為可貴。惟「和」雖為施禮之重要原則，但非唯一之原則。先王之道，「禮」最為完美。故事無巨細，人無大小，皆須依「禮」之和諧而行。但僅知「禮」之施行在「和」，不顧其或有不能行者，每事但從「和」處之，不以「禮」（此「禮」指「禮」之其他原則，如敬、讓、恭、儉）加以節制，當亦有所不洽焉。

由上引論語十節文字，可知「踐禮」準則，在於敬、讓、恭、儉、和。

丁、禮教精神及其功用

禮之用在「約」

論語雍也篇：子曰：「君子博學於文，約之以禮，亦可以弗畔矣夫？」

論語顏淵篇：子曰：「博學於文，約之以禮，亦可以弗畔矣夫？」

「文」，謂「典籍」也，亦即「典章文物」之意。「約」，作「約束」解。「約之以禮」之「之」，據清人毛奇齡及今人陳大齊均以為乃「博學於文」之代詞，似亦可簡釋為「文」（註一三）。「約之以禮」之「以」，介詞，其所介者為「手段」（約）與「目的」（禮）。「畔」，叛也。「矣夫」，咏嘆助詞，猶「矣」字。「博學於文」，謂「廣泛學習典章文物」也。「約之以禮」，可簡釋為「約之以成禮」。此語，意在令人憑藉易見之外表，以推想不易見之內涵也。由於歷史上之典章文物數量繁多，內容又不盡相同，必待條分縷析，探索其內涵之義理，以利研討，定其從違。所引孔子文句，意謂君子廣泛學習典章文物，並以「禮」約束自身之行爲，自可不致於離經叛道矣！

前引雍也篇及顏淵篇均作「約之以禮」，而下引子罕篇作「約我以禮」，文詞雖稍有異，但其爲義則一也。

論語子罕篇：顏淵喟然歎曰：「仰之彌高，鑽之彌堅；瞻之在前，忽焉在後。夫子循循然善誘人，博我以文，約我以禮。欲罷不能，既竭吾才，如有所立卓爾；雖欲從之，末由也已！」

「循循」，有次序貌。「誘」，引進也。「卓爾」，卓然也，立貌。「末由」，無由也。「也已」，助詞。顏淵讚歎孔子之道高深微妙，不易推究。且夫子之施教也，循循然善於誘人焉，其始也欲令我致知以明道，故教我以博學典籍，使古今事變無不通曉；繼之者欲我力行以體道，故約我以中正之「禮」，使視聽言動有所準繩。夫子如此教人，顏淵雖欲罷止學習而不可得，即使竭盡才力，步趨夫子之道，其道雖立於吾前，卻令人瞠乎其後，且又無路可循焉。

前引三則文字，所謂「約之以禮」或「約我以禮」之「約」字，乃謂吾人平居之時，應以禮「約束」自身也。此一「約」字，由個人之生活規範之奠定，逐漸衍化成爲自然界一切秩序之不可變易，而後成爲國家法令之限制。本書緒論第二節「禮之意義」中，於此曾有論列，其言曰「因『禮』爲『天經地義』之事，且爲『不可易』之『理』」，故「禮」之於人，實有「約束」作用，難予抗拒。「孔子「約之以禮」「約我以禮」之思想，與春秋時代所流行之「夫禮，天之經也，地之義也，民之行也」（註一四）之觀念，有其淵源相同之處。

禮在顯尊卑、定名分

論語八佾篇：孔子謂季氏八佾舞於庭：「是可忍也，孰不可忍也？」

「佾」，舞列也。古代舞蹈奏樂，八人成一行，謂之「一佾」。「八佾」卽八行，乃八八六十四人所組成者，天子之樂也。諸侯用六佾，大夫用四佾。季氏以大夫之職，竟僭用天子禮樂，故孔子痛言：如此事可忍，則孰不可忍？朱註引謝氏曰：「君子於其所不當爲，不敢須臾處，不忍故也，而季氏忍此矣，則雖弒父與君，亦何所憚而不爲乎？」「正名分」「防亂階」，均爲孔門「禮教」之要旨，故孔子微辭以誅其心不直，正季氏之罪也。於此，復可見干「名」犯「分」者，非惟「義」所不取，亦「禮」法所不容也。

論語八佾篇：三家者以雍徹。子曰：「『相維辟公，天子穆穆。』奚取於三家之堂？」

「三家」，魯大夫孟孫、叔孫、季孫之家也。「雍」，詩經周頌篇名。「徹」，同「撤」，祭畢而收其俎也。天子宗廟之祭，則歌雍以徹。是時三家僭而用之。「相」，助也，此指「助祭者」。「辟公」，諸侯也。「穆穆」，謂天子容貌之莊嚴也。魯國三家大夫家祭時歌雍以徹，是以大夫而僭用天子之禮樂也。孔子乃譏之曰：雍詩有云「天子儀容嚴肅靜穆主祭先祖，四方諸侯均來助祭」，今三家之堂，祭祖竟歌雍詩，亦何所取於此義？

以上所引論語各節，足以說明孔子正「名」「分」之意。「三家者以雍徹」句，蓋言三家「僭樂」，孔子乃引詩篇以譏其妄。「奚取」二字，固爲義之所「不當爲者」儆之。

論語子路篇：子路曰：「衞君待子而爲政，子將奚先？」子曰：「必也正名乎？」子路曰：「有是哉！子之迂也。奚其正？」子曰：「野哉！由也。君子於其所不知，蓋闕如也。名不正則言不順，言不順則事不成，事不成則禮樂不興，禮樂不興則刑罰不中，刑罰不中則民無所措手足。故君子名之必可言也；言之必可行也。君子於其言，無所苟而已矣！」

「正名」，正名分之意，卽正君臣、父子之名分也。此章論爲政必先正「名」也。故曰「『名』不正則言不順，言不順則事不成」。「讓」爲禮德主導精神之一端，亦所以正「名分」、利上下者也。樂所以陶鑄性情，而以和爲其主旨。事如不成，無以興禮樂，故曰「事不成則禮樂不興」。旣不能興禮樂以化民治國，則必濫施刑罰，故曰「禮樂不興則刑罰不中」。「刑罰不中」，刑罰不得其當之意。人民如畏刑罰之濫，而不能自安，卽「無所措手足」矣。凡此，均足以說明孔子爲政，必先正「名」、正「禮樂」。如君臣父子兄弟各守本分，各盡其責，社會秩序自可建立。故孔門言禮，亦以「名」「位」爲其依歸也。

由以上三章引文，可見孔子之所謂「禮」，有顯尊卑、重名分之作用。二則對魯大夫，一則對衞君其「僭名」「越分」之行爲，均切實據客觀之禮制原則而評述之，此又孔門重「禮治」之一端也。

論語八佾篇：子曰：「管仲之器小哉！」或曰：「管仲儉乎？」曰：「管氏有三歸，官事不攝，焉得儉？」「然則管仲知禮乎？」曰：「邦君樹塞門，管氏亦樹塞門。邦君爲兩君之好，有反坫；管氏亦有反坫。管氏而知禮，孰不知禮？」

「器小」，言器量狹小也。「三歸」，包咸言管仲娶三姓女也。「攝」，兼也。「邦君」，一國之君主。「樹」，屏也。「塞」，猶蔽也。「好」，好會、友好。「反坫」，築土爲「坫」，形似土堆，置兩楹之間；古時兩國君主相會，應酬飲酒之後，置空爵於坫上，以「坫」爲反爵之用，故曰「反坫」。「而」，猶假設連詞「若」也。此段引文，記孔子評管仲器小，世人誤自「儉省」論之，孔子謂管仲家有三處，家臣事不兼攝，奢侈如此，安得爲儉乎？亦有妄作「凡知禮必侈儀文而不儉」之論斷，故進而問曰：「然則管仲知禮乎？」孔子答曰：知禮者必守法度法制而愼名器。今邦君樹屏以蔽其門內外者，禮也；管仲大夫耳，亦「樹塞門」。邦君之制，爲兩君之好會而有反爵之坫者，禮也；管仲大夫耳，亦有「反坫」。其僭如此，焉得爲知禮？使管仲而謂之知禮，則天下孰不爲知禮之人乎？又安得以不儉爲知禮也？於此，孔子以「樹塞門」「反坫」二事，批評管仲以位本大夫而僭用諸侯之制爲不知禮者，蓋禮之功用，固在顯尊卑、定名分也。至於管仲之尊王攘夷，維繫「周文」之「禮」於不墜，自延續文化生命之大前提而論之，則推許爲「如其仁、如其仁」（註一五），此足證孔子思想之超越世俗法則也。

禮爲立身淑世基石

論語堯曰篇：子曰：「不知命，無以爲君子也。不知禮，無以立也。不知言，無以知人也。」「命」，命運也，亦卽「窮達之分」也。「不知命」，謂「命運之安排難於抗拒」也。「不知命」者，無以成其爲「君子」；因而凡「君子」必屬於「知命」者也。「不知禮，無以立」，言「不知禮者，難立身於世」也。「不知言」，作「聽言而別其是非」解。是以「不知言」者，難以知其言之是非，而辨別其人之喜惡也。吾人須注意者：孔門施教，以「禮」爲德業所由「立」、學文所由「立」之基石，其自個體存養提升至治平淑世之道，均植基於此也。

論語季氏篇：陳亢問於伯魚曰：「子亦有異聞乎？」對曰：「未也。嘗獨立，鯉趨而過庭，曰『學詩乎』？對曰『未也』。『不學詩，無以言』！鯉退而學詩。他日又獨立，鯉趨而過庭，曰『學禮乎』？對曰『未也』。『不學禮，無以立』！鯉退而學禮。聞斯二者。」陳亢退而喜曰：「問一得三：聞詩，聞禮，又聞君子之遠其子也。」

所引此節文字中，亦有「不學禮，無以立」之句，可知「禮」乃吾人立身淑世之依據。

論語泰伯篇：子曰：「興於詩，立於禮，成於樂。」

「興」，起也。所謂「興於詩」，卽「修身當先學詩」也。「立」，「站立」、「站得住」之意，亦作「立身」解。所謂「立於禮」，卽「禮所以立身者」也，亦卽所謂：人立身於社會，須依「禮」行事，以「禮」作爲行事標準。「成」，完成也。所謂「成於樂」，卽「樂所以成性者」也。「成性」，「成就天性」之意，亦卽「使人充分發展其天性、完成其人格」之謂也。

此處須注意者：吾人立身於社會，時時遭遇處事接人問題。因「禮」之精神在於恭敬遜讓之心。若人能事事依「禮」而行，時時以「禮」爲行事依據，自能立身於社會。社會之中，如人人皆能遵守恭敬遜讓之習慣，依「禮」相處，則社會必定和諧而絕無暴戾之氣。

論語學而篇：子貢曰：「貧而無諂，富而無驕，何如？」子曰：「可也。未若貧而樂，富而好禮者也。」

「諂」，卑屈也。「驕」，矜肆、傲慢也。「貧而樂」，皇疏本作「貧而樂道」，意卽「安貧樂道」。史記仲尼弟子列傳引此文，亦有「道」字。下文旣云「富而好禮」，上文若作「貧而樂道」，「好禮」與「樂道」正兩相對偶。若依文義而論，樂字下有「道」字，於義較明，且亦較順。鄭玄注云：「樂謂志於道，不以貧爲憂苦。」「富而好禮」，朱註：「好禮則安處善，樂循理，亦不自知其富矣。」

子貢問於孔子曰：貧爲諂、富易驕，人之常情也；今有人焉，處貧不爲貧困而無所卑屈，處富不爲富動而無所驕矜，所造若此，何如也？孔子答曰：貧無諂、富無驕，是不溺於貧富之中而知所自守，視世之驕諂者異矣，其亦可也；然無諂猶知有貧，不若貧而樂道，心廣體胖，併其貧而忘之；無驕猶知有富，不若富而好禮，處善循理，併其富而忘也。蓋「無諂」「無驕」，止「消極」之「有所不爲」；若進而「樂道」「好禮」，當爲「積極」之「有所作爲」矣！自處貧、處富之生活態度以言「禮」，此又爲孔門人生哲學之一端也。

禮以治國

論語里仁篇：子曰：「能以禮讓爲國乎？何有？不能以禮讓爲國，如禮何？」

此段文字，乃孔子論治國者必須「禮讓」，蓋爲君者能以節文質樸之「禮」，本於恭敬辭遜之「讓」，則感於中必誠於外，上下禮讓成風，於治國何難之有？苟不能以禮讓治國，則儀文雖具，實意不足，措之一身者既無「禮」之體現，而況於治國乎？信乎治國者之不可無禮讓也。

論語先進篇：子路曾皙冉有公西華侍坐。……子路率爾而對，曰：「千乘之國，攝乎大國之間，加之以師旅，因之以饑饉，由也爲之，比及三年，可使有勇，且知方也。」夫子哂之。……（曾皙）曰：「夫子何哂由也？」曰：「爲國以禮，其言不讓，是故哂之。」

治理國家必須以「禮」爲之。子路之對，所彰顯者「其言不讓」，孔子之哂，因仲由「言大而誇」，有悖孔門學風。「爲國」既以「禮」爲重，「不讓」即爲「無禮」，「無禮」而肆言「爲國」，豈能期其三年有成？

論語憲問篇：子曰：「上好禮，則民易使也。」

「好禮」，有「事事遵禮」之意。「易使」，言「易於聽從使命」也。周行封建，政治社會型態本以宗法爲主導精神，在上位之統治階層，如「事事遵禮而行，不違宗法之制」，則相對之民衆必易於聽從其使命，亦卽「政治必易於推行」也。吾人須注意者，孔子生於春秋時代，當時之所謂「禮」，特別注重「敬、讓、恭、儉、和」之精神，是以此處之所謂「好禮」之「禮」，當亦不限於「謙遜」、「揖讓」之表現也。

論語爲政篇：子曰：「道之以政，齊之以刑，民免而無恥。道之以德，齊之以禮，有恥且格。」「道」，同「導」。「道之」之「之」，指民衆而言。其它各語所用之「之」，同例。「政」，政治法令也。「齊」，謂整飭之使其齊一。「刑」，刑罰也。「免」，免罪、免刑、免禍也。「格」，向有「來」、「至」、「正」、「恪」、「敬」諸解。禮記緇衣篇「夫民，教之以德，齊之以禮，則民有格心；教之以政，齊之以刑，則民有遯心」云云，正爲論語此段文字最早之註釋。文中「格心」與「遯心」相對成文。「遯」，「遁」也，有「逃避」之意；自反面而言，意爲「親近」、「歸服」、「嚮往」諸義；意既相反，則「格」字於此，似有「人心歸服」之意。所引孔子之言，意謂：治理國家，用「德」與「禮」以牧民，人民非惟知廉恥，且能一心歸服。若以「政」與「刑」治民，則人民但求免於刑罰，毫無羞恥之心。治民用「德」與「禮」，爲孔子一生之主張；治民以「政」與「刑」，爲當世爲政者所主張。前者可使民「知廉恥」「一心歸服」；後者使民「但求免刑」而「無廉恥」之心，二者優劣，於此判然矣！

禮爲君使臣、臣事君之法度

論語八佾篇：定公問：「君使臣，臣事君，如之何？」孔子對曰：「君使臣以禮，臣事君以忠。」

「君『使』臣」，「君主『役使』臣下」、「君主『使喚』臣下」之意。孔子答魯定公問「使臣」「事君」之途，孔子「以禮」「以忠」對。皆用「以禮」、「以忠」之「以」，似有舍此不可之意。蓋君之使臣，易流於簡慢，故必以「禮」待之；而臣之事君，易趨於欺上，故必以「忠」效之也。如此，君臣各盡其道，而功業成矣！

論語八佾篇：子曰：「事君盡禮，人以爲諂也。」

「盡禮」，言「盡事君之禮，不敢有所違闕」也。孔子之所以有「盡禮」之言，因當時各國「國君弱而臣下彊」，事君者多簡傲無禮也。其有甚者，臣下且有僭用禮樂之事例在。孔子之意，盡事君之禮爲臣之本分，何得謂其諂媚哉？

禮因「損益」而革易

論語爲政篇：子張問：「十世可知也？」子曰：「殷因於夏禮，所損益可知也。周因於殷禮，所損益可知也。其或繼周者，雖百世可知也。」

「十世」，十代也。「因」，因襲也。「損益」，猶言「增減」也。子張問「今後十代之禮儀制度，是否可以預知？」孔子答以殷繼夏，周繼殷，惟綱常之大禮，因乎前代；其所損所益，亦可考見。蓋歷代禮制之因革，固有一定之規律可循，故可由夏、商、周禮制之損益，用以推知後世禮制之演變輪廓也。「其或繼周者，雖百世可知也」，言外之意，固已許禮之可有損益，亦卽許禮之可有所變易矣！是以孔子言禮，絕非一成不變，蓋禮之可變而變者，其又何嫌於立異耶？抑禮之不可變而不變者，其又何嫌於從同耶？

> 論語子罕篇：子曰：「麻冕，禮也；今也純，儉，吾從衆。拜下，禮也；今拜乎上，泰也；雖違衆，吾從下。」

「麻冕」，緇布冠也，細麻爲之。「純」，絲也。「拜下」，臣與君行禮，當拜於堂下，君辭之，乃升成拜。冕用麻製，古禮也；用絲製，今禮也。拜於堂下，古禮也；拜於堂上，今禮也。孔子一從今禮，意純之用，儉於麻而易成，故爲變制而得禮意；一從古禮，蓋其時臣不臣，驕縱已極，拜君堂上，失之泰也，此變之有害於義也，或雖違衆，但從拜下之禮而已。觀乎夫子之「從」「違」之道：古禮宜，則從古禮；今禮宜，則從今禮；未嘗泥古。今人詆黜舊禮，謂其不適於今日，必須革易者，此類權事制宜之論，孔子固早已言之矣！

> 論語八佾篇：子曰：「周監於二代，郁郁乎文哉！吾從周。」

「監」，視也。「二代」，夏商也。「郁郁」，文盛貌。「文」，文物也，卽指禮儀典制等也。周之禮儀典制，因夏殷二代之禮，「損其太過」「益其不及」以成，燦然明備，郁郁乎文！故孔子贊曰「吾從周」。以見夫子之於「禮」，斷無膠柱鼓瑟之弊，其必也許其「變」，惟不主「全易」耳。蓋周雖有損益，其大端亦自夏商出也，或源也，或委也，自成其滙，自成其流。八佾篇記林放問禮之本，所問乃禮之本，孔子舉「儉」以答；而子罕篇記孔子寧舍古禮從今禮，意以麻冕未逮純之用爲「儉」。同一「儉」字，一爲綱常當然之「儉」，雖百世不變；一爲禮之儀文，必因時空而異。其所以然者，禮之外在儀文，固因時空以制宜，使各得其稱也。故禮記禮器篇云「禮，時爲大」，樂記篇亦云「五帝殊時，不相沿樂；三王異世，不相襲禮」也。至若禮之內在精義，如八佾篇「人而不仁，如禮何」云云，乃以仁爲禮之本、道德之淵藪，人類諧和之丕基，卽令乾坤毀圮，亦將永彌宇內，亙古長存，何可易哉？

觀夫陳蘭甫東塾讀書記云：「論語言禮者凡四十餘章，自視聽言動，與凡事親、敎子、事君、使臣、使民、爲國，莫不以禮。其所以爲禮者，曰敬、曰讓、曰約、曰節之、曰文之，其本在儉，其用在和，而先之以仁之守、義之質、學之博；先進後進不同，則從先禮；禮雖廢而猶愛之，夏殷禮不足徵，而猶能言之；射不主皮之語，則述儀禮之文也；鄉黨一篇，則皆禮記之類也。論語之言禮，至博至精，探索之而靡盡也。」（註一六）是知仁固孔子立敎之本，舍禮則浮游無根矣！抑孔子之道歸於爲仁，而仁本於復禮邪？是以鄉黨一篇，皆聖人盛德至行，動容周旋，純乎規矩，出乎自然，門人熟審而備記之也！

【附註】

註一：見正中書局版「孔子學說」，第二編第二章，頁一四八。

註　二：見左傳昭公二年。

註　三：見禮記中庸篇，朱子四書集註第二十八章。

註　四：中庸第十九章：「郊社之禮，所以事上帝也；宗廟之禮，所以祀乎其先也。」

註　五：見易經說卦。

註　六：見論語雍也篇。

註　七：見日人竹添光鴻論語會箋卷十五，廣文書局版，頁一〇一九。

註　八：見陳大齊孔子言論貫通集，頁十九。

註　九：見論語陽貨篇。

註一〇：見論語八佾篇。

註一一：見本書第一章第三節丁項。

註一二：見陳大齊論語臆解，頁二〇六。

註一三：見毛奇齡論語稽求篇及陳大齊孔子言論貫通集，頁二一一。

註一四：見左傳昭公二十五年。

註一五：見論語憲問篇。

註一六：商務印書館「人人文庫」版，卷二，頁十三。

第二節　孟子之禮論

孟子名軻，鄒國人。生卒年月不詳。約生於周安王十七年前後。如元人程復心孟子年譜等書推斷孟子「壽八十而死」之說較可信，則卒年當在周赧王十一年前後。孟子出生時，孔子去世已近百年。孟子爲孔子孫子思門人之說，雖不可信，但據孟子離婁篇下：「孟子曰……予未得爲孔子徒也，予私淑諸人也。」由此可見其與孔門之淵源。史記孟荀列傳云孟子「受業子思之門人」（註一）；荀子非十二子篇以孟子之說出於子思，因與子思歸屬一學派；均甚爲合理。

孟子之作者，古今有三說，其中以太史公孟荀列傳所言較爲可靠。列傳云：「（孟子）退而與萬章之徒序詩書，述仲尼之意，作孟子七篇。」（註二）由此段文字，可知孟子一書之作，雖有萬章之徒參預，但主要作者，仍爲孟子本人。孟子之基本學說，於孟子生前，應已完成。關於此點，清魏源於孟子年表考中曾有發揮，其言曰：「又公都子、屋廬子、樂正子、徐子皆不書名，而萬章、公孫丑獨名，史記謂『退而與萬章之徒作七篇』者，其爲二人親承口授而筆之書甚明（咸邱蒙、浩生不害、陳臻等偶見，或亦得預記述之列）。」因而認定：孟子「與論語成於有子、曾子門人故獨稱子者，殆同一間，此其可知者」（註三）。因是之故，吾人討論孟子之禮論，必須以孟子一書爲其唯一根據。孟子七篇中，與禮有關之文字，凡六十七次，茲爲求結論之眞實可信，非剖析孟子原文，然後加以彙集排比，不足爲功也。此外，吾人須特予注意者爲：孟子之作，據史記孟荀列傳在於「述仲尼之意」；又據孟子離婁篇下「予（孟子）私淑諸人」，朱註：「人，謂子思之徒也。……孟子之生，去孔子未百年也，故孟子言予雖未得親受業於孔子之門，然聖人之澤尚存，猶有能傳其學者，故我得聞孔子之道於人，而私竊以善其身。」可見孟子之思想，於師承上與孔子有極爲緊密之關係。

甲、禮爲固有本然善端——辭讓、恭敬、恭儉

孟子公孫丑篇上：「無惻隱之心，非人也。無羞惡之心，非人也。無辭讓之心，非人也。無是非之心，非人也。惻隱之心，仁之端也。羞惡之心，義之端也。辭讓之心，禮之端也。是非之心，智之端也。人之有是四端也，猶其有四體也。」

「辭」，「使去己」也；「讓」，「推以予人」也。由「無辭讓之心，非人也」句，可知孟子心目中，以謂「辭讓」之心，乃人類之「情」也。所謂「情」，卽「心志」、「志趣」之意。旣謂之人，安有無辭讓之心者。孟子所謂「非人」，乃極言「必有」之意。「端」者，首也；亦可作「端倪」解；亦卽所謂「物之緒」、「物初起之頭」也。吾人由於繭外之「緒」，可知繭內必有一團絲。但必須瞭解：「辭讓之心」與「禮之表現」之間，雖然尚有一段距離，但由於「辭讓」之表現，已見及「禮」之「端倪」，或已成爲「禮」之「開端」矣！

前引孟子例句中，「惻隱」、「羞惡」、「辭讓」、「是非」四「情」，與「仁」、「義」、「

禮」、「智」四「性」（性，「天賦之本性」）並擧，而各以「惻隱」與「仁」居其首，隱然可見孟子之學說，亦祖述孔子而以「仁」爲其基本者也。

戴震孟子字義疏證下、「仁義禮智」條下曰：「言仁可以賅義，……言仁可以賅禮，……擧仁義禮可以賅智。……而中庸曰：『仁者，人也；親親爲大。義者，宜也；尊賢爲大。親親之殺，尊賢之等，禮所生也。』益之以禮，所以爲仁至義盡也。語德之盛者，全乎智仁而已矣。」（註四）此段文字，說明「仁」、「義」、「禮」、「智」四「性」之中，「仁」最爲基本之德行。蓋「仁」可以包容、涵蓋「義」；「仁」又可以包容、涵蓋「禮」。「行仁」、「明義」、「施禮」可以包容、涵蓋「智」。

孟子盡心篇下：孟子曰：「仁也者，人也。合而言之，道也。」

「仁」，「人」也。意謂「仁」乃做人之根本原則。「合而言之」者，合「仁」與「人」而言之也；「人」而能「仁」，卽行「道」矣！論語學而篇：有子曰：「孝弟也者，其爲仁之本與？」孟子離婁篇上曰：「仁之實，事親是也。」盡心篇上又曰：「親親，仁也。」儒家言仁，由親及疏，故以「親親」爲本。揚雄法言重黎篇曰：「事得其宜之謂義。」（註五）以「宜」訓「義」，取其音義皆近。「親親」乃由於情感；「尊賢」乃出於「理智」；因而「義」之爲德，以「尊賢」爲大（爲大，卽「最爲重要」之意）。「殺」，作「等差」解。由最親之人，以推及次親之人，再推而至於疏遠之人，自差等原則以推之，故曰：「親親之殺」。賢者亦有等級，最賢者最宜尊敬。按等級依次推去，名之曰：「尊賢之等」。「親親之殺」、「尊賢之等」，爲「禮」之所由「生」也。於此，吾人須特別注意者爲：戴東原以禮記中庸哀公問政章文字，解釋孟子有關「禮」之學說，確已勾畫出孟子思想之淵源，亦可知孟子之禮學思想，實已承繼孔子以「仁」爲本之思想。

孟子告子篇上：「惻隱之心，人皆有之。羞惡之心，人皆有之。恭敬之心，人皆有之。是非之心，人皆有之。惻隱之心，仁也。羞惡之心，義也。恭敬之心，禮也。是非之心，智也。」

於公孫丑篇下，孟子曰：「辭讓之心，人皆有之。……辭讓之心，禮也。」而告子篇上則作：「恭敬之心，人皆有之。……恭敬之心，禮也。」兩引文相比，可見「辭讓之心」與「恭敬之心」，性質實屬相類。恭者，禮之發於外者也。敬者，禮之主於中者也。恭敬，與「辭讓」相似，當同爲「禮」之重要表現，亦卽同爲「禮之端」也。

孟子離婁篇上：「責難於君謂之恭，陳善閉邪謂之敬，吾君不能謂之賊。」

「責難於君」，乃「强其君之所不能」也，亦卽「勉其君之所能」之意。世俗之間，或以此類行爲乃「不敬於君」者，而孟子獨具慧眼，以謂：人臣之道，當進君於善，「責難之事」，意在「使君勉之」，此乃臣下「至恭」之表現。吾人察其內心，究其目的，於進諫之臣，應認其屬於「恭臣」之列。至於「陳善閉邪」，乃「陳善法以禁閉君之邪心」之意。自臣下進諫之目的言之，當屬於「敬」之範圍。反之，臣下如有所見，而於君不加諫正，則其心中必有「吾君不肖，不能行善」之意，如此，實「賊害其君」，而有違於「恭」「敬」之道，不合乎「禮」者也。

孟子滕文公篇上：「是故賢君必恭儉禮下，取於民有制。」

孟子離婁篇上：「恭儉，豈可以聲音笑貌爲哉？」

「賢君必恭儉禮下」云云，意謂國君不僅須待臣以禮，且必取於民而「有制」，此言乃指「國君征稅，須按定制，力加節制，不可額外需索」。孟子言下之意：征稅有制，當亦屬「禮」之範圍。又，「聲音笑貌」，乃人所「僞爲於外者」也。孟子心目中，「恭儉」之表現，乃出於內心，豈可以「聲音笑貌」僞爲哉？

「恭敬」爲「禮」，前已言之。須知：「恭敬」，分而言之，在貌爲恭，在心爲敬。合而言之，乃對人所作之敬意表示。孟子於此，於「恭敬」之外，又提出「恭儉」一辭。「恭」，敬也；「儉」，約也；卽「自我檢斂」、「自我約束」之意。恭儉，謂「恭敬」「儉約」也。吾人於此，可以認知：「禮」之表現，旣爲「辭讓」，亦爲「恭敬」，而內心之「自我克制」，實亦屬「禮」之範圍。辭讓之心，禮也；恭敬之心，禮也；恭儉之心，亦「禮」也。「恭儉」之爲「禮」，不可僅以「聲音」與「笑貌」表達，必須於「外貌」之外，有內容、有行動；不僅須有「恭儉」之外貌，更須有「恭儉」之存心。孟子拓廣德性人格之「心學」領域，乃儒學「深化」之趨向。「禮」旣發於人性之本然善端，則精神之價值世界，亦得以提升，此禮學發展之重要線索也。

孟子盡心篇上：「君子所性，仁、義、禮、智根於心。」

「所性」，謂人於天性之「所稟受」也。「根」，始也；本也。意謂：仁、義、禮、智四德，皆本於其心之天性。

孟子告子篇上：「仁、義、禮、智，非由外鑠我也，我固有之也；弗思耳矣。故曰：求則得之，舍則失之。」

「恭敬之心，禮也」。「禮」猶「仁」「義」「智」三者，非由於外鑠者也，我固已有之矣。恭敬之心，情之善者也。「我固有之」，即「人皆有之」之意。仁、義、禮、智四者，皆與生以俱來，乃人固有之性也。「禮」雖人皆固有，惟一般而言，每因溺於物欲，故皆「弗思」。所謂「弗思」，即不加思索、不加考慮、不加「學習」之意。吾人若能以所稟受之天性「思而求之」，則可得此仁義禮智之善焉。孟子謂人必「先立乎其大者」（註六）即此，倘舍天性之所稟受而不加思索、思慮，則失此仁義禮智之善矣。

「禮」雖「根源於心」，爲「我所固有」，但仍須「思而求之」（即隨時磨勵，加以思慮），始能得「禮」之善，始能作「禮」之表現。反之，吾人若「舍」所稟受辭讓、恭敬、恭儉之心而「弗思」，即失卻「禮」之善矣！

孟子滕文公篇下：「子未學禮乎？」

孟子此章之主旨，在於說明：「禮」有待於吾人之「學習」。所謂「學禮」之「學」，當即告子篇上之所謂「思則得之」之「思」。「思」與「學」，意義相同。「禮」須「思而求之」、「學而得之」；此皆說明修「禮」之途徑。吾人不可因「禮」有待於「思求」、「學習」，而據以斷言：「禮」非「出於天」（「天」者，即天性之稟受也）。若竟然認爲孟子前後兩說，互相矛盾，則顯然有所錯失矣！

乙、禮義雙修之內察功夫

孟子一書，並擧禮義而措意於「禮義雙修」者，當以如下五則最爲切要：

其一

孟子公孫丑篇上：「不仁不智，無禮無義，人役也。」

「人役」，謂「奴僕之屬」，有「受人役使」之意。人而不仁、不智、無禮、無義，必爲受人役使之奴僕，難於成爲君子。究其精蘊，卽爲：確立君子之健全型範，必著意於內察功夫以孕育仁、智、禮、義四德。

孟子於此，將仁、智、禮、義四者並列，是皆「人」之所必備之德也。

其二

孟子離婁篇上：「事君無義，進退無禮，言則非先王之道者，猶沓沓也。」

「沓沓」，「語多」之意，謂「喋喋多言」也。爲官者事奉國君如不守正義，進退周旋如不遵行禮法，言談之間隨時詆毀古代聖王之道者，似可謂之喋喋多言也。

孟子於此，亦「禮」「義」並擧者也。

其三

孟子離婁篇下：孟子曰：「非禮之禮，非義之義，大人弗爲。」

趙岐注云：「若禮而非禮。陳質娶婦而長，拜之也。」所謂「陳質」，謂娶婦時布陳贄見之禮物。若因婦年長而夫拜之，則「若禮而非禮」矣。「陳質娶婦而長，拜之」，乃趙氏解釋「若禮而非禮」之事所舉之一例而已，實則「若禮而非禮」之事，非此一端也。

趙注又云：「若義而非義，藉交報仇是也。」「藉交」之「藉」，據焦循正義，計有二義，一作「助」解：左傳襄公四年：「藉之以樂。」注：「藉，薦也、助也。」「藉交」，「助所交之友」也。如此，所謂「藉交報仇」，乃「助友爲非之意，如助友報仇，似合「交友之義」而實「非義」也。一作「借」解：左傳僖公二十八年：「藉之告楚。」注：「藉，借也。」「藉交」，「借與友交往之便」。意謂：「與人既建交情」而又行「報仇之事」，實「似義而非義」也。「藉交報仇」，亦趙氏解釋「若義而非義」所舉之一例耳，實則「似義而非義」之事，非止一端也。

「大人」，乃「大人君子」之意。孟子之言，謂「聖德之人」，不爲「非禮」之「禮」、「非義」之「義」也。趙岐注云：「禮、義，人之所以折中，履其正者。」折中，取其中也。合禮之事，必不有所偏頗。吾人踐禮之時，若無所偏頗，則絕不作「非禮之禮」。履其正，徑由正道也。合義之行爲，不作不「宜」之事。吾人踐義之時，如能堅守其宜，則絕不作「非義之義」。

觀乎上列引文，可知孟子言「禮」，每「禮」「義」並舉。前節「孔子之禮論」中，孔子嘗言及「禮」以行「義」，可證二者之關係至爲密切。吾人須知：合「義」之事，每多合「禮」；而合「禮」之事，亦必合乎「義」也。自內涵而言，「禮」與「義」，實密不可分焉。

其四

孟子萬章篇上：「孔子進以禮；退以義；得之不得，曰有命。」孔子進仕，以禮而定，合於禮者則受之；孔子退隱，以義爲準，如爲之而無義，則去之。「得之不得」之「之」，「與」也（註七）。孔子「服官」之目的，在於「行道」，「得官位」與「不得官位」，或「能否爲卿爲相」，以「命運」爲斷；而行仁、踐禮、歸義之崇道信念，則篤於「知其不可爲而爲」之原則，修身以之；此又爲超越「命定觀」之聖哲襟抱也。孟子於此，「禮」、「義」、「命」三者並論。

其五

孟子萬章篇下：「夫義，路也；禮，門也。惟君子能由是路，出入是門也。」「義，路也；禮，門也」，意謂：凡人相接，必須合乎義、合乎禮。換言之，義與禮，有與人相接以爲遵守之用焉。

「義，路也」，喻意爲：遵守「義」法，行事合宜，猶與人相通之道路。「禮，門也」，喻意爲：嚴守「禮儀」，不失禮法，猶與人相通之門戶（關鍵）。欲見其人不以其路，不由其門，猶欲其人之入而閉門、封路也。

孟子之所以「禮」「義」並舉，除認爲「義」乃「道路」、「禮」乃「門戶」，以表明兩者關係密切之外，似仍有其他理由在。按孟子對於此點，雖未加解說，但據吾人推想，似亦可得其一二。蓋

「義」與「禮」，內涵相類。「義」，乃基於「仁」心、在行爲上之具體表現；而「禮」實指「言談笑貌」之合宜者，雖爲發諸內心恭敬、辭讓、恭儉三心之端，或亦可視爲「德」之形諸外者。「仁」爲「德」之基本，是以「禮」字，似亦可視爲「仁」心之形諸外也。「行爲之具體表現」，與「德之形諸外者」兩語，詞雖有異，義實相通。因爲「禮」「義」關係密切，故孟子之說，每多「禮」「義」並擧者矣！

孟子承孔子之學。前節乙項中，陳述孔子禮學觀念時，已說明孔子於論語中，所言之「禮」，本與「義」爲表裏相通，應可互爲代用。按孟子書中，不僅「禮」「義」並擧，且言及「禮」時，亦多「禮義」連用，猶「忠」之與「孝」、「仁」之與「愛」，……連爲複字之辭。兩字連用，表示關係密切，渾然不分。筆者謂孟學主「禮義雙修」，此又爲有力明證。孟子書中「禮義」連爲一辭，計有如下四則，茲分述之：

其一

孟子梁惠王篇上：「是故明君制民之產，必使仰足以事父母，俯足以畜妻子；樂歲終身飽，凶年免於死亡；然後驅而之善，故民之從之也輕。今也制民之產，仰不足以事父母，俯不足以畜妻子；樂歲終身苦，凶年不免於死亡；此惟救死而恐不贍，奚暇治禮義哉？王欲行之，則盍反其本矣！」「樂歲」，謂「豐年」。「制」，制也。「制民之產」，乃「以定制分授田產」之意。此節文字，乃言：賢明之君，施政必須首先解決民生問題，制定人民財產，使之足衣足食，然後可推行政治敎化。

民如「救死而恐不贍，何暇以治禮義」？民無力「仰事俯畜」，何以得行王政？此與管子牧民篇「倉廩實，則知禮節；衣食足，則知榮辱」之旨，實相同也。

孟子於此，乃「禮」「義」連用者也。

其二

孟子離婁篇上：孟子曰：「自暴者，不可與有言也。……言非禮義，謂之自暴也。」

「暴」，猶「害」也。「非」，猶「毀」也。自己殘害自己之人，不可與之作有價值之談論。言下之意，有「難於使其改變所執成見」之意。是以凡出言破壞「禮義」者，謂之「自我殘害」。

孟子於此，亦將「禮」「義」連用，而同等視之。

其三

孟子告子篇上：「萬鍾，則不辨禮義而受之。萬鍾於我何加焉？」

「萬鍾」，言「祿之多」也。「不辨禮義」，有「非禮而受」與「合義與否、不加辨別」之意。萬鍾之俸祿，如不加考慮貿然接受，於我有何益處？此自陶鎔人品以論禮義，乃儒家施教之重要準繩也。

其四

孟子盡心篇下：孟子曰：「無禮義，則上下亂。」

「禮義」雖有二解，似皆指：國行封建，尊卑之分，上下之別，關係名分與威權，如無禮以節民性、以正民行，或禮儀遭受破壞，則名分不定、尊卑不分，政權不能穩固，政治不能安定，國家必將混亂、泯滅矣！

吾人於前擧各端，已說明孟子融「禮」「義」爲一體之大要，其實質相類之理，均於論證中陳述之。「禮義」連用，而結爲嶄新之學理主張者，亦所在常見。故「禮」、「義」之連爲「禮義」，其猶「仁」、「愛」之連爲「仁愛」，「忠」、「孝」之連爲「忠孝」，其表示兩者內涵相近而密不可分者明矣！

丙、禮之實乃「節」「文」二者

孟子離婁篇上：「禮之實，節文斯二者是也。」

「禮」之主要內涵或具體表現，在於有關「禮」之事，一面作適當之消極「節制」，一面作積極之「文飾」而已。所謂「適當」，即是「既不過分」，亦非「有所不足」之意。太過，則近於奢侈、虛僞，故須節之。太質，則無禮敬之容，故須文之。是以吾人守「禮」，必須於「節」、「文」二端之間，作適當之處理。亦卽言談笑貌、處人接物，得其當者卽爲「禮」。反言之，不節不文而有所過者，卽非「禮」也。

禮，不僅須於言談笑貌之間，表現內心之「恭敬」、「辭讓」，施行於臣對君者，除須注意尊卑之分，顧全君之威儀之外，於國家顚危之際，更不可「喋喋多言」。如多言，亦屬無禮之行。其言曰：

孟子離婁篇上：「詩曰：『天之方蹶，無然泄泄。』泄泄，猶沓沓也。事君無義，進退無禮，言則非先王之道者，猶沓沓也。」

「天之方蹶，無然泄泄」，出於詩大雅板。「蹶」，動也，有「顛覆」之意。「無然」，作「不可如是」解。「泄泄」，說文作「呭呭」，又作「詍詍」，皆云「多言也」。「沓沓」，「語多」之意，亦謂「喋喋多言」也。詩板曰：上天正使國之將傾，臣民不可如是多言。爲臣爲民者事奉國君，如不守正義；進退周旋，如不遵禮行法；言談之間又隨時詆毀古代聖王之道者，此可謂之喋喋多言者也。喋喋多言，於推行聖王之道之國君，毫無補益；於國之將傾，亦無幫助，因是孟子以爲「沓沓」也。

「禮」表現於君對臣民者，孟子書中，亦有下列兩則文字：

其一

孟子滕文公篇上：「是故賢君必恭儉禮下，取於民有制。」

古之賢者，身行恭儉，禮下大臣，賦取於民，不過什一之制也。所謂「恭儉」，卽「恭敬儉約」之意。此言：爲君者於臣下，亦須有「敬意」之表示，此卽所謂「禮」也。不但如此，對其施政，包括役使臣民、征取賦稅等等，不可予取予求、毫無限制，必須「體念」人民負擔，減低自身享受標準，一切依定制而行，加以嚴格約束，否則卽爲「無禮」。

其二

孟子盡心篇上：孟子曰：「易其田疇，薄其稅斂，民可使富也。食之以時，用之以禮，財不可勝用也。」

「易」者，「治」也。讓人民治理其田地，並減輕其賦稅，可以使之富足。「食之以時」，即「按一定時間，征取食用人民所納賦稅」之意；「用之以禮」，即「不踰『禮』以費財」之意。此處之「禮」，當與前引滕文公篇上所謂「取於民有制」之說相類。國君施政，果能如此，則國之財富「不可勝用」矣！由孟子此章所言，可知「食之以時」「用之以禮」，皆說明國君施政，亦須依「禮」而行。推行政治，如能加以適時適量之節制，亦所謂「禮」也。

丁、禮教精神及其功用

禮所以顯尊卑

孟子萬章篇下：萬章曰：「敢問不見諸侯，何義也？」孟子曰：「在國曰市井之臣，在野曰草莽之臣，皆謂庶人。庶人不傳質爲臣，不敢見於諸侯，禮也。」

萬章問「士不見諸侯，其意爲何？」孟子曰：士居於都邑，稱之市井之臣；士居於田野，稱之草莽之臣；兩皆庶人也。庶人，不執贄以通見諸侯，意謂庶人尚非諸侯之臣也。須知：千乘之君欲召見庶人，庶人不往，乃因招之「不義」也。不義，不合身分地位之意。其不敢見，乃由於顧及「禮」之考慮。據孟子正義可知：國君之欲見庶人，通常情形乃由於其人「多聞」，其人「賢德」也。國君求與其人爲友尚不可得，而況召之乎？「召人」爲諸侯對士之禮，昔齊景公田獵，召虞人（掌山澤者）以旌，由於招之不以其「義」，以士之招而招虞人，虞人豈敢往哉？欲見其人不以其道，「猶欲其入而閉之門也」。庶人不見諸侯，乃「禮」也。

吾於「緒論」中，曾舉「禮之意義」爲綱目，略論封建制度維繫政權之概要，以謂：封建時代所以能維持國家於不墜，乃由於國家能有效推行「禮治」。禮治之所以有此效果，乃由於：一、「禮」儀之足以表現統治者權力、地位與「威嚴」；二、「禮」法之踐行，對尊卑關係、階級上下之分辨，有其宏大作用。

此引孟子之言，在說明「禮」可代表身分地位，豈可混用哉？

孟子萬章篇下：萬章曰：「士之不託諸侯，何也？」孟子曰：「不敢也。諸侯失國而後託於諸侯，禮也。士之託於諸侯，非禮也。」

「託」，寄也，謂「不仕而食其祿」也。諸侯失國後食祿於所託之國，禮也；而士之位輕，本非諸侯敵體，故不敢比失國諸侯，得爲食祿於他國之寄公也。同其爲「託」也，因「士」與「諸侯」尊卑地位不同，而有「禮」與「非禮」之分。由是可知：「禮」所以「顯尊卑」也。

禮乃行事之規範

孟子萬章篇上：「孔子進以禮，退以義。」

「進」，進仕也。「退」，去職退隱之意。孔子進仕，以禮而定，合於禮法者則受之。由此可見，人之進仕與否，當視其主有未以禮待之。孔子進仕之目的，在於「行道」。服官「行道」，當以「義」爲其標準，如發現服官而於其所行之「道」，亦卽行事之「義」，無所裨益，則當去職退隱。於此，吾人必須注意者有二：一、進以禮，謂以禮爲主要考慮之意，如其人聲名狼藉，行不合「義」，雖以「禮」待之，孔子當亦不受其任也。二、退以義，謂去職退隱以合「義」與否爲斷，如其人待我雖合於行道之「義」，但待我不以「禮」，雖不欲去職退隱，亦難留於職守也。可知：此處之所謂「禮」，當亦涵蓋「義」在內；所謂「以禮」，僅以「禮」爲重而已。同理，所謂「義」，當亦不忘其「禮」；所謂「以義」，止以「禮」爲重耳。「禮」「義」連稱，表示兩者關係密切。吾人進仕退隱，當以「禮」（包括「義」）爲其準則。

此節所引孟子文字，乃答萬章所問：㈠孔子在衞，有否舍於癰疽家，並以之爲其主；㈡孔子在齊，曾否舍於瘠環家，並以之爲其主。癰疽、瘠環，皆時君近狎之宦官，故孟子爲孔子闢謠，答以「否，不然也」。於此可見：進仕之先，亦須於「義」作考慮，進仕而獲不義之名，雖合乎禮亦不爲也。孟子並言：孔子在衞，舍於顏讎由家。其時，衞君寵臣彌子瑕，雖曾囑其襟兄子路，勸孔子舍於彌子瑕家，並以之爲其主；言及：果如此，日後可得衞卿之位。孔子以其人不恥於世俗，如因此而得高位，雖或不違於「禮」，但屬不「義」之行，故以「有命」拒之。

孟子告子篇上：「生，亦我所欲也。義，亦我所欲也。二者不可得兼，舍生而取義者也。生亦我所欲，所欲有甚於生者，故不爲苟得也。死亦我所惡，所惡有甚於死者，故患有所不辟也。……

一簞食，一豆羹，得之則生，弗得則死。嘑爾而與之，行道之人弗受；蹴爾而與之，乞人不屑也。萬鍾，則不辨禮義而受之。萬鍾於我何加焉？」

所引孟子之言，一、「首句」，意謂：「生命」與「正義」皆爲我所喜愛，二者如不能並存，必須選擇其一，則寧可「捨棄生命」，而「維持」或「伸張」「正義」。亦卽「正義」與「生命」相比，「正義」更爲重要。二、「次句」，意謂：「生命」自爲我所喜愛，但就人而言，每有較「生命」更爲我所喜愛之事，因而我不爲苟且偷生之事；死亡自爲我所厭惡，但就人而言，每有較「死亡」更爲厭惡之事，因而不驅禍避害。所謂「較『生命』更爲我所喜愛之事」，蓋指「維持或伸張正義也」；所謂「較『死亡』更爲我所厭惡之事」，蓋指「不能維持或伸張正義也」。三、「三句」前節（自「一簞食」至「行道之人弗受」），意謂：一簞食，一豆羹，得之可以活命，不得必將死亡，但施與之時，如大聲呼喝，卽或其人爲過路之飢者，當亦無從受之；或施與之前，如以足踐之，縱其人爲丐，亦不屑受也。須知：「大聲呼喝」與「以足踐之」，皆「無禮」之行也，充分表示賤視其人。其人如接受施與，卽爲「嗟來之食」、或「非禮之施」。由於精神上所受之汚辱，加諸其人之痛苦，每有甚於「死亡」威脅者，是以其人寧死不受「非禮」之施焉。於此可見：「義」之於人極爲重要，而「禮」之於人，其關係之密切，實亦不下於「義」也。四、「三句」後節，意謂：然而有人於萬鍾之俸祿，不分辨其合於「禮義」與否，而貿然接受，其可之乎？

吾人於此應注意者爲：首句及次句所言爲「義」，而三句（包括先後兩節）所言爲「禮義」，全章所言爲一事，脈絡相連，理亦相通，由此或可以推知：孟子之所謂「禮義」，實「義」之謂也。仔細分辨，「義」當亦包含於廣義之「禮」中。故曰：吾人行事，應依「禮」而行。亦可認定：「禮」乃處事接人之準則也。

關於「生死」與「守禮」問題，孟子中另有一段討論文字：

孟子告子篇下：任人有問屋廬子曰：「禮與食孰重？」曰：「禮重。」「色與禮孰重？」曰：「禮重。」曰：「以禮食，則飢而死；不以禮食，則得食；必以禮乎？親迎，則不得妻，不親迎，則得妻，必親迎乎？」屋廬子不能對，明日之鄒，以告孟子。孟子曰：「於答是也何有？不揣其本，而齊其末，方寸之木，可使高於岑樓。金重於羽者，豈謂一鉤金，與一輿羽之謂哉？取食之重者，與禮之輕者而比之，奚翅食重？取色之重者，與禮之輕者而比之，奚翅色重？往應之曰：『紾兄之臂而奪之食，則得食；不紾，則不得食；則將紾之乎？踰東家牆而摟其處子，則得妻；不摟，則不得妻；則將摟之乎？』」

從以上引文，再次說明「禮」之重要，「飲食」、「男女」，人之大欲，求其滿足之時，必須先行考慮其「合禮」與否。吾人奚可因「奪食」而「紾兄之臂」？因「得妻」而「踰東家牆而摟其處子」？

孟子曾藉「進仕」問題，於「禮」之有無、「道」之行否，有所討論：

孟子告子篇下：陳子曰：「古之君子，何如則仕？」孟子曰：「所就三；所去三。迎之致敬以有禮；言，將行其言也，則就之。禮貌未衰，言弗行也，則去之。其次，雖未行其言也，迎之致敬以有禮，則就之。禮貌衰，則去之。其下，朝不食，夕不食，飢餓不能出門戶，君聞之曰：『吾大者不能行其道，又不能從其言也，使飢餓於我土地，吾恥之。』周之，亦可受也，免死而已矣。」

觀乎上引文字，可知孟子於「進仕」「退隱」與否，亦有其考慮，於「踐禮」之說明中，可明乎其所持原則。「進仕」有三種情形：一、「迎之致敬有禮」；二、「言，將行其言也」（言下之意，禮雖或有欠缺，但因「將行其言」，故就之）；三、雖未行其言也，迎之致敬有禮。「去職退隱」，亦有三項條件：一、禮貌未衰，言弗行也；二、禮貌衰；三、朝不食，夕不食，飢餓不能出門戶，君聞之曰：吾大者不能行其道，又不能從其言也，使飢餓於我土地，吾恥之。周之。孟子以爲：於此情形下，接受周濟，免死而已，言下之意，去職退隱可也。

此節文字，亦以君子之「進仕」「退隱」爲例，說明「禮」乃行事標準焉。

禮顯「容止合度」之德

孟子盡心篇下：「動容周旋中禮者，盛德之至也。」

「動容」，指「動作」與「容貌」；「周旋」，指「升降揖讓修禮之表現」。人之動作、容貌，以及行禮時所作之「升降揖讓修禮」之種種，如皆合於「禮」之要求，實乃美盛諸「德」中之「至」者也。「至」，「大」也，「下」也。大，乃指所「涵蓋範圍」之「大」而言。如以「義」與「禮」相較，「義」，「人義」也。「人義」，按禮記禮運篇之解釋，包括「父子」、「兄弟」、「夫婦」、「長幼」、「君臣」之間之關係。「義」者，「宜」也，相處最相宜者，則稱之「義」。至於「禮」，不僅包括「父子」、「兄弟」、「夫婦」、「長幼」、「君臣」間之「社會」關係，且包括「個人」「言談笑貌」、或不必牽涉別人之「升降揖讓」等舉動在內。

「至」，又作「下」解，有「最爲基礎」、「最爲根本」之意。吾人「修禮」，不僅須注意在社會中與人之關係，事事須求其「適宜」，作「合宜」之表現，且須隨時隨地重視自身之表現，處處均能表現內心之「恭敬」、「辭讓」與「恭儉」。因爲如此，故孟子言曰：「動容周旋中禮者，盛德之至也。」意謂：就「盛德」之整體範圍而言，禮乃最基本者也。

「禮」「仁」同爲反省標準

孟子離婁篇上：孟子曰：「愛人不親，反其仁；治人不治，反其智；禮人不答，反其敬。行有不得者，皆反求諸己；其身正而天下歸之。」

「愛人」，如人於我並「不親」近，吾人則應「反其仁」（自我反省所施之仁心是否未達標準、或有所欠缺）；「治人」（管理別人），如人「不治」（不受管理），則應「反其智」（反省自身智慧是否已達標準、或尚有欠缺）；「禮人」（禮敬別人），如「人不答」（不回敬），則應「反其敬」（自我反省所施之禮敬是否已達標準、或仍有欠缺）。「行有不得」（愛人、治人、禮人諸事，如未達預期效果），皆須「反求諸己」（找尋自身之缺失），果能如此，必可端正自身，而天下之人必將歸服於我！

在孟子心目中，「禮」爲自我反省之標準，故「禮」有反省之功用。愛人、治人、禮人諸端，如「行有不得」時，可以發掘原因，然後加以改善，以達身「正」之境地。

孟子離婁篇下：孟子曰：「君子所以異於人者，以其存心也。君子以仁存心，以禮存心；仁者愛人，有禮者敬人。愛人者，人恆愛之；敬人者，人恆敬之。有人於此，其待我以橫逆，則君子必自反也：『我必不仁也？必無禮也？此物奚宜至哉！』其自反而仁矣，自反而有禮矣，其橫逆由是也；君子必自反也：『我必不忠？』自反而忠矣，其橫逆由是也；君子曰：『此亦妄人也已矣！如此，則與禽獸奚擇哉？於禽獸，又何難焉？』……非仁無爲也，非禮無行也，如有一朝之患，則君子不患矣。」

「君子所以異於人者」，「異於人」，乃指君子與常人相比所發現之差異處。「存」，察也。「存心」，卽「存於內心」也，有「省察其內心」之意。君子與常人差異處，在於「君子能以『仁』、以『禮』存於內心而不忘」，亦卽所謂「省察自我」也。所謂「自我省察」，意卽驗證「仁」、「禮」之有無或多寡。由於「仁德」之君子必能「愛人」，有「禮儀」之君子當必「敬人」，是以「仁」與「禮」，乃君子用以自我反省之標準。

孟子於此段引文中，不僅說明「禮」與「仁」相似，同可作爲自我存心之用。但爲加强其意，並進一步說明存心之法，其言曰：按之常理，愛人者，人恆愛之；敬人者，人恆敬之；如己身對待人以

「仁」、以「禮」，而其人「待我以橫逆」，則此時君子必須「自反」。如再三自反之後，確知己已竭誠待人，而其人依然故我，此時，即可視彼爲禽獸。禽獸無知，焉用責難？

孟子於引文中又曰「非仁無爲也，非禮無行也」，是謂君子如所爲皆是仁，所爲皆是禮，即使遇有「一朝之患」，亦將不成其爲患矣。此言充分强調「仁」與「禮」之價值或效用，當政者施政時，切不可有所遲疑也。旨在促人「行仁」、「守禮」而已。

孟子離婁篇上：「仁之實，事親是也。義之實，從兄是也。智之實，知斯二者，弗去是也。禮之實，節文斯二者是也。」

「事」皆有「實」。「實」，有「具體表現」、或「主要內涵」之義。「仁」之實，在於「事奉父母」；「義」之實，在於「順從兄長」；「智」之實，在於知仁義所用而不去之，亦即：「明白」「事奉父母」與「順從兄長」二者之道理、或「體認」二者之重要性，而努力追求、不加捨棄也。至於「禮」，其具體表現、或主要內涵，在於對「事親」「從兄」二事，作適當之「節制」或「文飾」。所謂「適當」，意謂「既不可過分」，「亦非有所不足」。太過，則失其節。因其過，故節之。太質，則無禮敬之容。因其質，故文之。換言之，吾人若能「仁」於「事親」，「義」於「從兄」，對二者作適當之「節制」或「文飾」，即爲「禮」之最佳表現。

孟子此段文字，一方面可見「禮」與「仁」、「義」二者之關係，一方面亦足以顯現「禮」之主要功能。

孟子離婁篇上：「自棄者，不可與有爲也。……吾身不能居仁由義，謂之自棄也。仁，人之安宅也。義，人之正路也。曠安宅而弗居，舍正路而不由，哀哉！」

孟子公孫丑篇上：「夫仁，……人之安宅也。」

「自棄」，作「自甘墮落」解；「與有爲」，卽「與之有所作爲」也；「居仁由義」，乃謂「以仁居心，由義而行」；「安宅」，「安穩之居所」；「正路」，作（通往「安宅」之）「平直大道」一解。「曠安宅」，謂「使安宅閒置」也；「舍」，捨也。「舍正路而不由」，卽「捨正路不走」，有「不作義行」之意。上引孟子之言，意謂：自甘墮落之人，何可望其有所作爲？吾人如不能「以仁居心」、「由義而行」，則可謂之「自甘墮落」矣。仁，乃人之安穩居所。義，乃通往仁之平直大道。如閒置仁心而不加發揮，捨正路而不加行走，亦卽所謂不以仁居心、不由義而行，悲哉！

此節之旨，在說明「仁」與「義」之關係。並進一步解說：「仁」存於人之本心者也，吾人必須「居仁」、亦卽「以仁居心」，方可稱之爲君子。「仁心」之表現，必「由義而行」，卽「通過義之實踐」，乃得抵達「安宅」（卽「仁心之境地」）。換言之，「義」乃通往「仁心」、表現「仁心」之唯一正路。舍此，別無他路可通。仁，內在之根本；義，外在之表現。「仁」雖爲根本，但捨「義」之具體實踐，無由表現。孟子於其書中，言「仁」者，高達一百五十七次；而言「義」者，亦有一百零八次；兩者相差僅二分之一。而孔子於論語書中，言「仁」者達一百零六次，言「義」者止二十二次，相差高達四倍有餘。由兩相比較視之，或可得見孟子重「義」之端倪矣。一般皆知：「孔曰成仁，孟曰取義」（註八），孟子繼承孔子言「仁」之說，而偏重於「義」。須知「仁」與「義」，表面似有不同，但仔細分辨，「仁」乃發諸「內」者，「義」乃形諸「外」者，詞雖有別，實非相背，乃一體之兩面也。

國無禮必亡

孟子盡心篇下：孟子曰：「無禮義，則上下亂。」

「禮義」有二解，一如朱註、焦循正義等書，作「禮」與「義」解。「禮」，乃指君臣間之「禮儀」、君子（包括國君、卿、大夫、士）之「威儀」。「禮」以「別尊卑」。「義」，「宜」也。「禮」必有「義」，「義」卽「禮」中制裁之「宜」也。「義」以「防僭竊」。如是，孟子所言，可解作：「禮義」，乃國之常典也，苟國無「禮」以節民性，無「義」以正民行，則君臣間名分不定，尊卑不分，上下於是亂矣！一或可作「禮節」「威儀」解，按說文十二上我部：「義，己之威儀也。从我从羊。」段注：「威儀出於己，故从我。」可知「禮義」卽「禮儀」也。兩解相較，似以後者爲勝。如按後解，孟子之言，意謂：國行封建，尊卑之分，上下之別，關係名分與威權，如禮儀遭受破壞，則政權不能穩固，政治不能安定，國家必將混亂、泯滅。

由此節引文，可見孟子以謂：「禮」之爲用，在於節民性，正民行，維繫政治之安定、政權之穩固也。

孟子離婁篇上：「故曰：城郭不完，兵甲不多，非國之災也；田野不辟，貨財不聚，非國之害也；上無禮，下無學，賊民興，喪無日矣。」

「完」，修治也，堅也。「辟」，同「闢」，開拓也。孟子於討論「仁心」與「仁政」時，作結語曰：一國城郭不堅，兵源不足，非國之災難；國內土地未能善加開闢，所生產集聚之財貨不多，亦非國之禍害；但如其君無禮，其臣不學，其國中之「賊民」興起，國必亡在朝夕，無復有期日矣！依焦循孟子正義，此節之主旨，在說明「國無禮義必亡」。但必須注意者爲：所謂「禮義」，實卽一般之所謂「禮」也，說見本「節」乙「項」。此外尙須說明者，有下列諸事：一、「城郭之完」、「兵甲之多」，乃整軍經武之意；「田野之辟」、「貨財之聚」，乃發展經濟、健全財政之意。國防、軍事、經濟、財政，依現代立國基礎而言，皆屬要政。孟子之所以論爲「非災」、「非害」，非言其不重要，僅在加强論斷語氣，指其與國君於「禮」之不作爲、臣下於「敎」之不推行，兩端相較，似屬次要而已。二、「上無禮」之「禮」，不僅包括「言談笑貌」所表現內心之「恭敬」與「辭讓」，以及君主居上位所應有之「威勢」，並且涵容「薄其賦歛」、「食之以時」、「取於民有制」在內。換言之，卽「施政」必須以「福國利民」爲主之意。三、「下無學」之「學」，一般指「敎育」、「敎化」而言。孔、孟生於封建時代，敎化以「六藝」爲範圍，而「六藝」之中，「禮敎」居先。所謂「下無敎」，當指「爲臣」、「爲民」者，所接受之「禮化敎育」而言。四、「賊民興」之「賊」，作「爲逆亂」解。所謂「賊民」，當指「生於『無禮』之君權下、『爲逆亂之民』」。國政既已演變「無禮」、「

無學」之地步，「爲逆亂之民」「興起」，應爲無可避免之事，國之喪無日矣！

接物以「禮」制宜

孟子萬章篇下：萬章問曰：「敢問交際何心也？」孟子曰：「恭也。」曰：「卻之卻之爲不恭，何哉？」曰：「尊者賜之，曰：『其所取之者，義乎？不義乎？』而後受之，以是爲不恭，故弗卻也。」曰：「請無以辭卻之，以心卻之。曰：『其取諸民之不義也』，而以他辭無受，不可乎？」曰：「其交也以道，其接也以禮，斯孔子受之矣。」萬章曰：「今有禦人於國門之外者，其交也以道，其餽也以禮，斯可受禦與？」曰：「不可。康誥曰：『殺越人于貨，閔不畏死，凡民罔不譈。』是不待教而誅者也。殷受夏，周受殷，所不辭也。於今爲烈，如之何其受之！」

此節文字，可分二段體會：

自「交際何心」至「孔子受之矣」爲第一段。「交際」，謂「以禮儀幣帛與人相交接」也。「何心」，作「如何存心」解。「道」也，謂「所賜有名」也、「贈與時所作之謂辭『名正言順』」也。

此段記孟子之言曰：「如尊長、或尊貴者有所賜與，如先考慮接受此項饋贈是否合乎義而後方始接受，此爲不恭之表現。因而不予推卻。」萬章問：「拒收禮物，不明言內心之眞正顧慮，或因所贈與之物乃取自百姓不義之財，而以其他藉口加以拒絕，不可乎？」孟子答曰：只須對方所賜有名、說辭名正言順，又依禮相待，雖孔子亦受之矣。此言：與人相接，接受饋贈與否，「禮」爲重要要件。吾人須特別注意者，此之所謂「禮」，不僅指「以禮相待」、與人相接時之「言談笑貌」皆合乎「禮」而言，當亦包括饋贈之先所作之說辭是否「名正言順」在內。此有因時因地因人而制宜之義蘊在，端在吾人據「常道」以契悟之也。

自「今有禦人於國門之外者」至「如之何其受之」爲第二段。「禦人」，謂「止人而殺之，且奪其貨」也；「國門之外」，指「曠野、無人處」也；「受禦」，乃「受此殺人刼得之財貨」也。「殺越人于貨」，作「殺於人取其貨」解；「閔」，同「暋」，「强」也；「罔」，「無」也；「譈」，謂「因『怨恨』而『殺』之」也；「不辭」，乃「不須辭問」、亦卽「無須審訊」之意；「烈」，作「明法」解，卽「彰明之法條」也。萬章問：如有止人於曠野者，殺人而奪其財物，與我交之以名正言順之說辭，而餽之以禮，斯可受歟？孟子曰：不可受。因書經康誥曰：殺於人，取其貨，其人强橫而不畏死，無人不恨而殺之。其人屬於不待教訓卽可殺之者。此項法條規定，殷商受之於夏后，有周受之於殷商，乃無須審訊卽可處分者也。至於今日，已成爲人人皆知之法條，豈可受其饋贈？此段文字，孟子以謂：與人相接，不僅須考慮其合「禮」與否，且應顧及所贈與財物之來源，如屬「不義之財」，豈能接受？

吾人於此，須特加注意者爲：與人相接，或對方施以饋贈，不僅須先行考慮贈與之時所作之說辭是否名正言順；然後再顧及對方之言談笑貌是否合乎「禮」儀，亦卽其內在有無恭敬之心。雖兩者皆已具備，仍應深入推究，對方所贈與者，是否屬於取諸民之不義之財。是以「義」與「不義」之評判，亦爲「受」或「不受」之標準焉。

孟子萬章篇下：（萬章）曰：「今之諸侯，取之於民也猶禦也。苟善其禮際矣，斯君子受之，敢問何說也？」曰：「子以爲有王者作，將比今之諸侯而誅之乎？其教之不改而後誅之乎？夫謂『非其有而取之者，盜也』，充類至義之盡也。孔子之仕於魯也，魯人獵較，孔子亦獵較。獵較猶可，而況受其賜乎？」

「際」，「接」也；「比」，讀去聲，猶「同」也，此作「依例看待」解；「充類至義」，謂「充其類極其義」也，亦卽「就其類而擴充之至於盡端」之意；「獵較」，謂「田獵相較，奪禽獸，得之以祭，時俗所尚，以爲吉祥」也。萬章問：「今之諸侯，取之於民，其所作所爲猶止人而殺之且奪其財貨也。若其人善其禮而接之，斯君子受之，敢問何所說辭？」孟子曰：「汝以爲有王者興，將依殺人越貨者之例全部處死，或先行教育，如未悔改，然後始行處死！至於『非其所有而取之，可謂之盜』。此無非就其類擴而充之至於盡端，其非眞盜也。孔子之仕於魯也，魯人獵較，孔子亦不違於世俗之風尙而從其獵較，獵較尙猶可爲，況受其賜而不可乎？孟子此段文字，原緊接於上節所引「敢問交際何心也」至「如之何其受之」之後。意謂：受人之賜而受之，此猶孔子之不違世俗風尚而從事獵較也。言下之意，似有受人之賜，亦猶世俗之風尙，循俗而受之，有何不可？與人相接，循俗而行，其亦爲「禮」之外決定「受」與「不受」之一項標準歟？

孟子離婁篇上：淳于髡曰：「男女授受不親，禮與？」孟子曰：「禮也。」曰：「嫂溺，則援之以手乎？」曰：「嫂溺不援，是豺狼也。男女授受不親，禮也；嫂溺援之以手者，權也。」「男女授受不親」，禮記曲禮上：「男女不雜坐，不同椸枷，不同巾櫛，不親授。」內則：「男不言內，女不言外。非祭非喪，不相授器。其相授，則女受以篚。其無篚，則皆坐奠之，而後取之。」坊記：「君子遠色以爲民紀，故男女授受不親。」鄭注：「不親者，不以手相與也。」「權」，反於經然後有善者也，有「變通」之意。孟子與齊之辯士淳于髡相值於梁惠王朝，淳于問孟子曰：「男女間不直接以手傳遞物品，其爲禮乎？」孟子曰：「禮也。」淳于又問：「見嫂溺水，則當以手牽援之否邪？」孟子曰：「人見嫂溺不援出，是爲豺狼之心也。男女授受不親，禮也；嫂溺而援之以手者，『反常而善』也，亦即今之所謂『變通』之意。」孟子此言之意，「守禮」固然緊要，但視事之輕重緩急，而能通權達變者，誠更爲重要也。否則，雖合「不親」之「禮」，其奈嫂之亡何？

綜觀以上所述，孟子言人所固有之性、論與人相處、辨君子之所以異於人者、辨尊卑、論招虞人、論出處、論仕、崇德行，莫不以禮爲宗。是則，孟子一言一動，殆未有不準諸禮者也。陳蘭甫東塾讀書記云：「孟子說禮，有明言禮者，有不明言禮者，有與人論禮者。其曰諸侯之禮，吾未之學，蓋禮文繁博，間或有未學者，故趙氏不以爲尤長耳。」（註九）誠哉斯言，特讀者不免或忽易而失之耳！

【附　註】

註　一：見史記卷七十四。

註　二：同（註一）。
註　三：詳見魏源古微堂外集卷五孟子年表考。
註　四：見戴震集，里仁書局版，頁三一七。
註　五：見揚子法言卷十，商務印書館四部叢刊本，頁二六。
註　六：見孟子告子篇上。
註　七：見清吳昌瑩經詞衍釋卷九，世界書局版，頁一百。
註　八：宋史卷四百一十八文天祥傳：「其衣帶中有贊曰：『孔曰成仁，孟曰取義，惟其義盡，所以仁至。讀聖賢書，所學何事？而今而後，庶幾無媿！』」
註　九：見陳澧東塾讀書記卷三，商務印書館印行「人人文庫」版，頁三十三。

第三節　荀子之禮論

甲、定分以節養人欲

荀子以禮爲治事之樞機，論人之標準，非徒具虛文之禮制，禮之用，一以疏導人之慾望，滿足人之需求；一以制定彼此界限，使貴賤有等，長幼有別，蓋以「人之性惡，其善者僞也」；乃重禮以矯人之性，孟子言性善，重良知，是偏乎「道之以德」，荀子主性惡，崇禮治，是偏乎「齊之以禮」；主性善，教人復其初，主性惡則教人「長遷而不反其初」；歷來儒者，對其性惡說，多所非議，是不知荀子也。荀子實藉此建立其禮治思想，以禮而定分止爭，此致治之正途，建國之權稱耳。

荀子禮論篇：「禮起於何也？曰：人生而有欲，欲而不得，則不能無求，求而無度量分界，則不能不爭。爭則亂，亂則窮。先王惡其亂也，故制禮義以分之，以養人之欲，給人之求。使欲必不窮乎物，物必不屈於欲，兩者相持而長：是禮之所起也。故禮者，養也。」

禮從何而起？荀子由欲、求、爭、亂、窮五者立論，此或性惡之所本也。然則「人生而有欲」，「欲」者何？荀子正名篇固以爲「欲者，情之應也」，亦卽情之所應，感物而動者也。榮辱篇「飢而欲食，寒而欲煖，勞而欲息，好利而惡害」，性惡篇「飢而欲飽，寒而欲煖，勞而欲休」、「目好色，耳好聲，口好味，心好利，骨體膚理好愉佚」、「薄願厚，惡願美，狹願廣，貧願富，賤願貴」皆是。其所謂「欲必不窮乎物，物必不屈於欲」者，是荀子論禮要人節欲，但非絕欲，蓋物之不贍，欲之無饜，乃一事實，僅能明制禮義以分之、以節之。分則定，節則贍，故足以「養人之欲，給人之求」。天論篇亦云「彊本而節用，則天不能貧；養備而動時，則天不能病」，是則荀子隆禮之功用，首在定分以節養人欲。

荀子正名篇：「凡語治而待去欲者，無以道欲而困於有欲者也。凡語治而待寡欲者，無以節欲而困於多欲者也。」

蓋古者有言治而待去欲者，若老子道德經第三章「常使民無知無欲」云云，是必令人無欲去欲而後止也，此荀子所謂無以道欲而困於有欲者也；有言治而待寡欲者，若荀子正論篇記宋牼「以是之情爲欲寡而不欲多」云云，是必使人寡欲而後已也，此又荀子所謂無以節欲而困於多欲者也。然則荀子固謂欲不可去，求可道也；欲不可寡，求可節也。

荀子正名篇：「心之所可中理，則欲雖多　奚傷於治？……心之所可失理，則欲雖寡，奚止於亂？故治亂在於心之所可，亡於情之所欲。……性者，天之就也；情者，性之質也；欲者，情之應也。以所欲爲可得而求之，情之所必不免也。以爲可而道之，知所必出也。故雖爲守門，欲不可去；雖爲天子，欲不可盡。欲雖不可盡，可以近盡也；欲雖不可去，求可節也。」

「欲者，情之應也」，故人有所好欲求而得之，乃人情之所不能免也，故雖爲守門之賤，欲不可盡去，雖貴爲天子，欲不可盡得也，蓋荀子固以爲有欲無欲、多欲寡欲，是生而然者，爲人情必然之數，乃性之所固具也。故凡治亂，關涉心之所可，不在情之所欲，故曰「心之所可中理，則欲雖多，奚傷於治」「心之所可失理，則欲雖寡，奚止於亂」？然則，欲雖不可去、不可寡，必當知所節也。蓋人生而有欲，「欲雖不可盡，可以近盡」也。故梁啟雄注云：「君人之大欲，仍不過求美求樂，然而宮室車服有制，百官人徒有數，極美而必有其度，致樂而必有其節；有度之美，有節之樂，是近盡之義也。」所欲雖不滿足，依然不得盡去之，「雖堯舜不能去民之欲利」（註一），堯舜雖爲賢君而善於教化，亦無法去人之欲利；欲既無法去之，荀子固以爲應善爲之導，宜善爲之節，以利用其欲，使之進可以處樂，退可以處約，而有裨於治也。

曷謂「節」？呂氏春秋情欲篇：「欲有情，情有節。」漢高誘注云：「節，適也。」故俞樾於荀子彊國篇「夫義者，內節於人而外節於萬物者也」下注云「節猶適也」。惟楊倞舊注作「節卽謂限禁也」。楊俞之說雖異，然其辨體則壹，蓋限禁可使之「適」也。若就節欲而言，縱欲而不予「限禁」，則足以爭亂；加以「限禁」，則可令所欲中理而不爭亂，亦卽無所不「適」矣！荀子大略篇：「仁，愛也，故親；義，理也，故行；禮，節也，故成。」楊倞注云：「雖有仁義，無禮以節之，亦不成。」故荀子之所謂「節」，涵攝禮之「限禁」與「適（合）」二義，以禮之「限禁」爲手段，以臻禮之「適（合）」爲的彀者也。

荀子禮論篇：「故先王聖人安爲之立中制節，一使足以成文理，則舍之矣。」

楊倞注云：「立中制節，謂服之年月也。」此言五等之服，固須「立中制節」，使皆足以成文盡理，則其他之禮亦莫不具有「立中制節」之功用矣！

荀子儒效篇：「曷謂中？曰：禮義是也。」

荀子致士篇：「禮者，節之準也。」

荀子彊國篇：「夫義者，內節於人，而外節於萬物者也。……內外上下節者，義之情也。」

所謂「中」，卽是禮義，「立中制節」，乃據禮義用以節制也。「禮者，節之準也」，故禮具有「節」之功用。他若以義內節於人而外節於萬物，則節之準繩爲禮，更獲確證矣！

荀子禮論篇：「芻豢、稻粱，五味調盉（「盉」字本作「香」，依王念孫改），所以養口也；椒蘭芬苾，所以養鼻也；雕琢刻鏤，黼黻文章，所以養目也；鍾鼓管磬琴瑟竽笙，所以養耳也；疏房、檖貌、越席、牀笫、几筵，所以養體也。故禮者，養也。」

「養」者，謂養生之具，若衣食之類也。口、鼻、目、耳、體五者，爲「欲」之表現處，苟能使此五者皆得其「養」，獲致相當之滿足，人之其他欲望亦將相形減少，故養此五者所需之物，若適足以養此五者所生之欲，物欲相宜，天下可因之得治矣！

荀子禮論篇：「孰知夫出死要節之所以養生也；孰知夫出費用之所以養財也；孰知夫恭敬辭讓之所以養安也；孰知夫禮義文理之所以養情也；故人苟生之爲見，若者必死；苟利之爲見，若者必害；苟怠惰偸懦之爲安，若者必危；苟情說之爲樂，若者必滅。故人一之於禮義，則兩得之矣；一之於情性，則兩喪之矣。」

凡志士仁人，彼爲國守死要節，正所以養其生也！彼爲國出財費用，正所以養其財也！彼恭敬辭讓，正所以養其安佚也！彼知禮義文理，正所以養其情性也！苟不出死要節，則國不得而寧，遑言養生？苟不出費用，則侵奪之事生，遑言養財？苟不恭敬辭讓，則亂而不安，遑言養安？苟不遵行禮義文理，則縱情性而不知所歸，遑言養情？故人苟惟生命之爲見，若是者必死；苟惟利安之爲見，若是者必害；苟惟怠惰偸懦之爲安，若是者必危殆；苟惟以情欲所悅之爲樂，若是者必滅。故人一切依乎禮義，則情性與禮義兩得之矣；一切縱任情性，則禮義與情性兩失之矣。換言之，養生、養財、養安、養情，欲避免死、害、危、滅之禍，宜專一於禮義，如此，則禮義情性兩得；反之，專一於情性，則禮義情性兩喪。兩得則足以養，兩喪則死害危滅。凡此，皆荀子所言之禮，具有「養」之功用也！

荀子富國篇：「人之生，不能無羣；羣而無分，則爭；爭則亂，亂則窮矣。故無分者，人之大害也；有分者，天下之大（「大」字本作「本」，依楊倞改）利也。而人君者，所以管分之樞要也。」人不能離羣索居以生，然羣居若不能各守其「分」，則易爭；爭則亂，亂則窮竭矣。是則無「定分」者，乃人類之大害；有「定分」者，反爲天下之大利。他若人君也者，乃掌管「定分」之樞機也。然則，荀子所謂「分」者何？茲引述如下：

荀子非相篇：「人之所以爲人者，何已也？曰：以其有辨也。……然則人之所以爲人者，非特以二足而無毛也，以其有辨也。今夫狌狌形狀（「狀」字本作「笑」，依俞樾改）亦二足而無（「

無」字本無，亦依兪樾補）毛也。然而君子啜其羹，食其胾。故人之所以爲人者，非特以其二足而無毛也，以其有辨也。夫禽獸有父子而無父子之親，有牝牡而無男女之別。故人道莫不有辨，辨莫大於分，分莫大於禮。」

荀子以爲人之所以爲人，以其有辨也，非特以人身有二足而面無毛也。今若彼猩猩，其形狀亦身有二足而面無毛，與人無異也。惟以雖有父子之實而無父子相親之情；有雌雄之異而無男女之別，故君子得以啜其羹食其胾也。而人則莫不有辨，辨莫大於親疏長幼尊卑貴賤之分，分莫大於使貴賤有等、長幼尊卑有序之禮。禮記曲禮篇上云：「鸚鵡能言，不離飛鳥。猩猩能言，不離禽獸。今人而無禮，雖能言，不亦禽獸之心乎？夫唯禽獸無禮，故父子聚麀。是故聖人作，爲禮以教人。使人以有禮，知自別於禽獸。」此亦云明禮爲諸事之本，言人能有禮，自可異於禽獸也。據是而論，人之所以異於禽獸者，荀子則以爲在辨也、分也、禮也。然「辨莫大於分」者，卽示「分」乃「辨」之極則，故言「辨」必通於「分」。

荀子禮論篇：「君子既得其養，又好其別。曷謂別？曰：貴賤有等，長幼有差，貧富輕重皆有稱者也。」

史記禮書：「君子既得其養，又好其辨也。所謂辨者，貴賤有等，長少有差，貧富輕重皆有稱也。」

「又好其別、曷謂別」，史記禮書作「又好其辨也、所謂辨者」，是以「別」者，「辨」也，同理，

「辨」者，「別」也。議兵篇「禮者，治辨之極也」，楊倞即注「辨，別也」。然則所謂「別」者、所謂「辨」者，指貴賤有其等，長幼有其差，貧富輕重各有宜稱者也。惟荀子言「辨」，多偏重於政治效用而言，特名之曰「治辨」，以別於義利之辨、是非之辨諸德行效用者，若儒效篇云「分不亂於上，能不窮於下，治辯（荀書「辯」字通「辨」，詳見王念孫讀書雜志卷八之一）之極也」、王霸篇云「出若入若，天下莫不平均，莫不治辨」、議兵篇云「禮者，治辨之極也，强國之本也」、正論篇云「上宣明，則下治辨矣」、禮論篇云「君者，治辨之主也」皆是。荀子既言「治辨」，亦屢言「曲辨」，若王覇篇云「儒者爲之不然，必將曲辨：朝廷必將隆禮義而審貴賤，若是則士大夫莫不敬節死制者矣」「以守則固，以征則彊，居則有名，動則有功，此儒之所謂曲辨也」、君道篇云「人主不能論此三材者，不知道此道，安值將卑埶出勞，併耳目之樂，而親自貫日而治詳，一內而曲辨之，慮與臣下爭小察而綦偏能，自古及今，未有如此而不亂者也」皆是。由以上引文觀之，「曲辨」實亦通於「治辨」，皆側重於政治效用而設辭也。

荀子王制篇：「分均則不偏，埶齊則不壹，衆齊則不使。有天有地而上下有差，明王始立而處國有制。夫兩貴之不能相事，兩賤之不能相使，是天數也。埶位齊，而欲惡同，物不能澹，則必爭。爭則必亂，亂則窮矣。先王惡其亂也，故制禮義以分之，使有貧、富、貴、賤之等，足以相兼臨者，是養天下之本也。書曰：『維齊非齊。』此之謂也。」

楊倞注云：「分均，謂貴賤敵也。」貴賤相等，則供求不易周徧；勢位相齊，則舉措難期壹致；人衆無等，則無能以役使，此皆言名無差等，則不可相制也。在上有天，在下有地，乃自然之等差，明王立國始焉有其制置。惟兩貴莫可強相服事，兩賤莫可強相役使，此乃天之數也。然則勢位相敵，好惡相同，而所欲之物無以贍之，則必出之於爭。爭則亂，亂則窮矣。先王惡其亂也，故制定禮義以定其分，使貴賤有等、貧富有差，足以相兼臨而各得其宜者，乃供養天下之根本也。荀子亦嘗曰「禮者，貴賤有等，長幼有差，貧富輕重皆有稱者也」（註二）、「故先王案為之制禮義以分之，使有貴賤之等，長幼之差，知愚能不能之分」（註三）者也。其引尚書呂刑「惟齊非齊」者，以喻有差等，能不齊而齊，然後可以為治。亦即承認人類天生不平等，宜各遵不齊之分際，斯為眞平等也。此或即荀子所欲建立之理想秩序，乃是「惟齊非齊」之社會也。然則，明王制禮之道，惟在乎「分」。

荀子富國篇：「欲惡同物，欲多而物寡，寡則必爭矣。故百技所成，所以養一人也。而能不能兼技，人不能兼官。離居不相待則窮，羣而無分則爭。窮者，患也；爭者，禍也。救患除禍，則莫若明分使羣矣。」

楊倞注云：「不相待，遺棄也。窮，謂為物所困也。此言不羣則不可，羣而無分亦不可也。」梁啟雄注云：「明分使羣，謂使人羣居且明其分際。離居不相待則窮，所以必使羣，羣而無分，則爭，所以必明分。」故「分」明則能使羣，然後可以救患除禍，可以兼官，可以兼技，可以富國矣！蓋明「分」，然後足以暢發羣居之效也。

荀子君道篇：「聖王財衍以明辨異，上以飾賢良而明貴賤，下以飾長幼而明親疏；上在王公之朝，下在百姓之家，天下曉然皆知其非以爲異也，將以明分達治，而保萬世也。」

聖王裁制其所有餘，以明貴賤上下之辨異；上以表飾賢良而明貴賤之辨，下以表飾長幼而明親疏之異。上在王公之朝，下在百姓之家，天下之人判然得悉其非有意於立異也，亦將有以明辨位分、通達治理，以保萬世之安耳！

荀子君道篇：「人之百事，如耳目鼻口之不可以相借官也；故職分而民不探，次定而序不亂，兼聽齊明而百事不留。如是，則臣下百吏至于庶人，莫不修己而後敢安正，誠能而後敢受職；百姓易俗，小人變心，姦怪之屬莫不反愨，夫是之謂政教之極。」

人之百事，有如耳目鼻口，各爲一官，不可相爲通借。故職務分，則人民不敢嘗試而冀僥幸得官也；位次定，則次序不亂；兼聽齊明，則百事不至滯留。如是，臣下百吏以至於庶人，無不先自修身，而後敢安其所正；誠有所能，而後敢受事任職。百姓移風易俗，小人變易心地，姦怪之屬，莫不反其所爲而歸之於愨愿，如此，則臻於政教之極致矣！然則，「分」之爲用大矣，各守其分，各安其分；分既已定，覬覦之心息，而國治矣！

荀子王霸篇：「治國者分已定，則主相臣下百吏各謹其所聞，不務聽其所不聞；各謹其所見，不務視其所不見。所聞所見，誠以齊矣，則雖幽閒隱辟，百姓莫敢不敬分安制以化其上，是治國之徵也。」

治國者在於使天下致治，苟職分已定，則人主丞相臣下百吏，各自謹守其所聞所見，不務聽其所不聞、視其所不見，若是，則雖幽閑隱僻之地，百姓亦不敢不安於制度而爲上所化導，此治國之徵驗也。

荀子王制篇：「聽政之大分：以善至者待之以禮，以不善至者待之以刑。兩者分別，則賢不肖不雜，是非不亂。」

判處政治之大分：善來者待之以優禮，不善來者責之以刑罰。兩者判然有別，則人之賢與不肖不雜，事之是非不亂。此則言「賢」與「不肖」、「是」與「非」之「分」也。

荀子禮論篇：「故王者天太祖，諸侯不敢壞，大夫士有常宗，所以別貴賤；貴賤，治德之本也。郊止乎天子，而社至於諸侯，道及士大夫，所以別尊者事尊，卑者事卑，宜大者巨，宜小者小也。故天下者事七世，有一國者事五世，有五乘之地者事三世，有三乘之地者事二世，持手而食者不得立宗廟，所以別積厚者流澤廣，積薄者流澤狹也。」（註四）

王者以太祖配天而祭，諸侯不敢壞始祖之廟，大夫士有百世不遷之大宗，所以別貴賤之「分」也。郊，祭天，惟天子爲能行之；社，祭地，天子以下，惟諸侯爲能行之；道，祭祖，則自天子至於士大夫皆能行之；此所以辨尊卑大小之「分」也。故統有天下之天子，祀事七廟；統有一國之諸侯，祀事五廟；擁有五乘之地之大夫，祀事三廟；擁有三乘之地之士，祀事二廟；自食其力之庶人，則不得立其宗廟；凡此所以判厚廣薄狹之「分」也。

荀子富國篇：「兼足天下之道在明分：揆（「揆」字本作「掩」，依劉師培改）地表畝，刺屮殖穀，多糞肥田，是農夫衆庶之事也。守時力民，進事長功，和齊百姓，使人不偷，是將率之事也。

……若夫兼而覆之，兼而愛之，兼而制之，歲雖凶敗水旱，使百姓無凍餒之患，則是聖君賢相之事也。」

兼足天下之道，在使天下各明其分：度量土地，表定經界，耘耔植穀，多糞肥田，乃農人衆庶之事。不違農時，勸民出力，增進事業，助長功利，齊和百姓，使人莫敢偷惰廢弛，乃州長黨正之事。至若兼而覆之、愛之、制之，雖遇凶敗水旱之災，百姓無凍餒之患者，乃聖君賢相之事。此則「明分」「農夫衆庶」「州長黨正」，乃至「聖君賢相」之事者也。

荀子王霸篇：「傳曰：農分田而耕，賈分貨而販，百工分事而勸，士大夫分職而聽，建國諸侯之君分土而守，三公摠方而議；則天子共（恭）己而已！出若入若，天下莫不平均，莫不治辨，是百王之所同也，而禮法之大分也。」

荀子王霸篇：「上莫不致愛其下，而制之以禮。……君臣上下，貴賤長幼，至于庶人，莫不以是爲隆正；然後皆內自省以謹於分，是百王之所以同也，而禮法之樞要也。然後農分田而耕，賈分貨而販，百工分事而勸，士大夫分職而聽，建國諸侯之君分土而守，三公摠方而議，則天子共（恭）己而止矣。出若入若，天下莫不平均，莫不治辨，是百王之所同，而禮法之大分也。」

君臣上下貴賤長幼，以至於庶人，莫不以禮爲其行爲之準則，然後君臣上下內自省察，用以謹守其位分，乃百王所共行之大道，且爲禮法之樞要也。故農夫分田而耕，商賈分貨而販，百工分事而自勉，士大夫分職而聽政，有國家之諸侯分土而致治，三公總領天下之方略而議處大計，則天子恭己南面而已矣！出入皆然，天下莫不均平，莫不辨治，此亦百王所共行之大道，且爲禮法之大分際也！此則言士、農、工、商之分工分業，以及諸侯三公之職掌，必待明「分」而後各安其所。

荀子富國篇：「事業所惡也，功利所好也，職業無分：如是，則人有樹事之患，而有爭功之禍矣。男女之合，夫婦之分，婚姻娉內（納），送逆無禮：如是，則人有失合之憂，而有爭色之禍矣。故知者爲之分也。」

役事業務，人所厭惡；功名利祿，人之所好；而職業又無分界：如是，則人有樹私之患，且有爭功之禍矣！男女之合也，夫婦之分也，婚姻聘納嫁娶送迎而無禮：如是，則人有喪失匹合之憂，而爭色之禍起矣！故智者必爲之定「分」也。

荀子大略篇：「有夫分義，則容天下而治；無分義，則一妻一妾而亂。」

禮義乃安定社會之基石，推其原因，係爲禮義以明「分」也。

荀子天論篇：「故明於天人之分，則可謂至人矣。」

苟能明辨天人相應之「分」際，此可謂之「至人」矣！

綜上所述，荀子之所謂「分」者，有「別」「辨」「異」「判」「均」「配」諸義。舉凡天地、父子、男女、夫婦、上下、尊卑、長幼、貴賤、親疏、貧富、智愚、能不能、賢與不肖、大小、輕重、厚薄、美惡、是非、寬狹之別，以及治國之徵、聽政之辨、三公視事、百工職務、通達使羣、息爭止窮、救患除禍、內自省察、齊和百姓、婚姻聘納、辨立廟祧諸端，胥賴「分」以成。可謂「上窮碧落下黃泉」，自天子以至於庶人，壹是皆以「分」爲本。陳大齊先生荀子學說有云：「荀子所說的分，包括着倫常的分別，社會地位的分別，才能的分別，社會上的分工分業，政治上的分職，以至自然現象的分類。總之，有異可別，即有分的作用行於其間，故其涵攝至廣，可謂無所不包。」（註五）析論甚爲精闢！

荀子之言禮，係以人之欲望滿足與物力供求，以爲其立說之基石。人性本惡，順其無極之欲，以求有限之物力，則不能不爭，爭則亂，社會則無由而起，故必制禮以「分」之，教人各守其分、各安其分；迨人人「分」明，然後節之養之，蓋「節」者，禮之消極功用也；「養」者，禮之積極作用也；「節」「養」相濟互用，必令其物欲相宜，以臻和諧之境而後已；故荀子隆禮，首在定分以節養人欲也。

乙、爲文以節飾人情

生而爲人，不能不有好、惡、喜、怒、哀、樂。遇好、惡、喜、怒、哀、樂，不能不動其衷情；情動於中，而形諸於色，言之歌之，舞之蹈之矣！凡形諸外者，皆情之文也。臨喪主哀，臨祭主敬，若臨喪而不哀，臨祭而不敬，自非人之常情，亦是非禮；然其哀慟不輟，毀傷形骸，亦非人情之所應居，乃禮之下者，故凡喪祭諸儀之眞諦，端在節飾人之情感，使之無過無不及也。情有餘，則文節以損之；情不足，則文飾以益之。荀子論爲人子者，爲父母服三年之喪，可「立中制節」「稱情而立文」

者，謂必如此，始足以成文盡禮耳！

荀子禮論篇：「凡禮：事生，飾歡也。送死，飾哀也。祭祀，飾敬也。師旅，飾威也。」

事生、送死、祭祀、師旅是文，歡、哀、敬、威是情。飾歡、飾哀、飾敬、飾威是以文飾情。

荀子大略篇：「禮之大凡：事生，飾驩也；送死，飾哀也；軍旅，飾威也。」

楊倞注云：「不可太質，故爲之飾。」意卽文飾其質也。亦卽以文飾驩、飾哀、飾威也。然則，禮之與文，至爲密切，故禮實爲聖人用以文飾人情而制之者也。

荀子禮論篇：「三年之喪，何也？曰：稱情而立文，因以飾羣，別親疏、貴賤之節，而不可損益也。故曰：無適不易之術也。創巨者其日久，痛深者其愈遲，三年之喪，稱情而立文，所以爲至痛極也。齊衰、苴杖、居廬、食粥、席薪、枕塊，所以爲至痛飾也。三年之喪，二十五月而畢，哀痛未盡，思慕未忘，然而禮以是斷之者，豈不送死有已，復生有節也哉。……故先王聖人安爲之立中制節，一使足以成文理，則舍之矣。」

楊倞注云：「鄭康成曰：稱人之情輕重而制其禮也。」爲人子爲父母服喪三年者，在於稱量人情哀慟之輕重，而制立隆殺之禮文，以飾五服之親屬，辨別親疏貴賤絕止降損期限之儀節也。是以「稱情而立文，因以飾羣」云云，亦重在爲文以飾人情也。蓋所謂「稱情而立文」「立中制節」，非稱其自然之情，實稱其人爲損益而合於禮義之情，故情文爲禮義必具之成分，同理，禮義之中亦當自有情與文。

然則，曷謂「情」？曷謂「文」？

荀子正名篇：「性之好、惡、喜、怒、哀、樂，謂之情。」

楊倞注云：「人性感物之後，分爲此六者，謂之情。」是則以人性因感物而爲之好、惡、喜、怒、哀、樂六者，謂之「情」。

荀子正名篇：「情者，性之質也。」

楊倞注云：「情者，性之質體。」是則人性之質體，謂之「情」。荀子禮論篇「情文俱盡」句下，楊倞注云「情謂禮意，喪主哀、祭主敬之類」。然則，荀子之所謂「情」，乃人性感物而爲好、惡、喜、怒、哀、樂等等具體之禮意活動。惟荀子其於「性」「情」「欲」三者，時或相混，此則尤當細判者也；若儒效篇云「縱性情而不足問學，……行忍情性然後能修」者，固已「性」「情」合說，或稱「性情」，或稱「情性」矣！又如性惡篇云「今人之性，飢而欲飽，寒而欲煖，勞而欲休，此人之情性也」、王霸篇云「夫人之情，目欲綦色，耳欲綦聲，口欲綦味，鼻欲綦臭，心欲綦佚，此五綦者，人情之所必不免也」者，「性」「情」「欲」三者，固已混然一體，難以辨矣！

荀子勸學篇：「禮之敬文也。」

楊倞注云：「禮有周旋揖讓之敬，車服等級之文也。」「禮之敬文」，乃禮之用也，蓋敬發於內，文行於外，楊注所謂「禮有周旋揖讓之敬，車服等級之文」者，所以行其敬也。是則禮之與文，惟有內外之別、輕重之分！

荀子禮論篇：「禮者，以財物爲用，以貴賤爲文，以多少爲異，以隆殺爲要。」（並見荀子大

略篇）

楊倞注云：「以車服旗章爲貴賤。文，飾也。」

荀子非相篇：「文久而息，節族久而絕。」

楊倞注云：「文，禮文。」

荀子禮論篇：「貴本之謂文，親用之謂理。」

楊倞注云：「文謂脩飾，理謂合宜。」

荀子禮論篇：「故至備，情文俱盡。」

楊倞注云：「文謂禮物威儀也。」

然則，荀子之所謂「文」，乃人性感物而爲好、惡、喜、怒、哀、樂等具體之禮儀活動；簡言之，情感之脩飾者也。

荀子禮論篇：「喪禮之凡：變而飾，動而遠，久而平。故死之爲道也，不飾則惡，惡則不哀；尒（邇）則翫，翫則厭，厭則忘，忘則不敬。一朝而喪其嚴親，而所以送葬之者不哀不敬，則嫌於禽獸矣。君子恥之。故變而飾，所以滅惡也；動而遠，所以遂敬也；久而平，所以優生也。」喪禮之常道，死而加飾，動而就遠，久而漸平。「哀」與「敬」，所以送死者也；若「不哀」「不敬」，則與禽獸何異，此君子之所甚恥者也。故變而飾則哀，所以避凶惡也；動而遠則敬，所以成誠敬也；久而平則節，所以使生者有以自養而免哀毀傷生也。是以達情之「飾」，尚具有「節」之功用焉。故荀子隆禮之功用，一方面「稱情而立文」，他方面則是「立文以節情」。

荀子禮論篇：「故至備，情文俱盡；其次，情文代勝；其下復情：以歸大一也。」

禮者，固人情之所不能已也。故情文俱盡，乃爲禮之至備。其次，或文勝於情，或情勝於文。其下，文雖不備，但復情以歸質素，是亦禮也。左氏隱公三年傳云：「潢汙行潦之水，可薦於鬼神，可羞於王公。」其物雖薄，其誠可荐也。荀子以「情文俱盡」爲禮之至備，以「情文代勝」爲次級之禮，以「復情以歸大一」雖爲再次級之禮，然未嘗不視之爲禮；就此而言，荀子似較重視情甚於文。

荀子大略篇：「文貌情用，相爲內外表裏。」

「文貌」，文儀也，卽禮論篇所謂「文理」也，史記禮書多引荀子禮論篇，「文理」二字，並作「文貌」，是其證。

荀子禮論篇：「文理繁，情用省，是禮之隆也；文理省，情用繁，是禮之殺也；文理情用相爲內外表裏，並行而雜，是禮之中流也。故君子上致其隆，下盡其殺，而中處其中。」

楊倞注云：「『文理，謂威儀。情用，謂忠誠。若享獻之禮，賓主百拜。』文理，形諸外之威儀也；情用，藏諸內之忠誠也；如賓主享獻，彼此拜答是文，敬誠是情也。故威儀繁富，忠誠省簡，文過於情，是禮之隆盛也。威儀省簡，忠誠繁富，情過於文，是禮之損殺也。威儀忠誠，二者相爲表裏內外，並行而會集，是禮之中和之道。故君子上極其隆盛，下盡其損殺，中則處於中和之道也。凡此所言文過於情，是禮之隆盛；情過於文，雖見減殺，而亦禮也云云，亦爲文以節飾人情者也。然則依此而論，荀卿似又重視文甚於情。其實，情蘊藏於內，文形現於外，卽文與情「相爲內外表裏」，故情文二者並重而不宜有所偏倚也。

荀子禮論篇：「兩情者，人生固有端焉。若夫斷之繼之，博之淺之，益之損之，類之盡之，盛之美之，使本末終始，莫不順比純備（「純備」二字舊奪，依台州本補），足以爲萬世則，則是禮也。」

楊倞注云：「兩情，謂吉與凶、憂與愉，言此兩情固自有端緒，非出於禮也。人雖自有憂愉之情，必須禮以節制進退，然後終始合宜。」曰吉曰凶與曰憂曰愉，此兩情之於人性，固自有其端緒在焉。若夫長而斷之，絕而繼之，隘而博之，深而淺之，不足而益之，有餘而損之，觸類而盡之，盛之美之，使夫本與末，終與始，莫不順比純備，足以爲萬世之準則，此乃禮也。其所謂「斷之繼之，博之淺之」云云，亦莫不以禮爲文，用之節飾人情也。

荀子禮論篇：「故說豫、娩澤，憂戚、萃惡，是吉凶憂愉之情發於顏色者也。歌謠、謸笑，哭泣、諦號，是吉凶憂愉之情發於聲音者也。芻豢、稻粱、酒醴、餰鬻、魚肉、菽藿、酒漿，是吉凶憂愉之情發於食飲者也。卑絻、黼黻、文織、資麤、衰絰、菲繐、菅屨，是吉凶憂愉之情發於衣服者也。疏房、檖須、越席、牀笫、几筵，屬茨、倚廬、席薪、枕塊，是吉凶憂愉之情發於居處者也。」「說（悅）豫、娩澤，憂戚、萃惡」等等，皆禮之文也，用以飾歡飾哀。它若「吉凶憂愉之情」發於「顏色」、「聲音」、「食飲」、「衣服」、「居處」者，乃明示情飾於文者也。

荀子禮論篇：「故情貌之變，足以別吉凶，明貴賤親疏之節，斯（「斯」字本作「期」，依楊倞改）止矣；外是，姦也，雖難，君子賤之。故量食而食之，量要而帶之。相高以毀瘠，是姦人之道也，非禮義之文也，非孝子之情也，將以有爲者也。」

情貌之變，雖足以辨別吉凶，明示貴賤親疏之節，然苟無孝子之情，有所爲而爲之，以虛僞粉飾，博得孝子之名，君子賤之。故荀子所謂人情之「飾」，絕非虛僞修飾之意，乃爲稱情之文飾。有其眞情，始有自然之文，文情相宜，乃所謂禮也。

荀子禮論篇：「禮者，斷長續短，損有餘，益不足，達愛敬之文，而滋成行義之美者也。故文飾、麤惡，聲樂、哭泣，恬愉、憂戚，是反也。然而禮兼而用之，時擧而代御。故文飾、聲樂、恬愉，所以持平奉吉也；麤惡（「惡」字本作「衰」，依王念孫改）、哭泣、憂戚，所以持險奉凶也。故其立文飾也，不至於窕冶；其立麤惡也，不至於瘠弃；其立聲樂、恬愉也，不至於流淫惰慢；其立哭泣、哀戚也，不至於隘懾傷生：是禮之中流也。」

楊倞注云：「皆謂使賢不肖得中也。賢者則達愛敬之文而已，不至於滅性；不肖者用此成行義之美，不至於禽獸也。」荀子言禮者，損有餘而補不足；所以使賢者不得過，不肖者不得不及，所謂「皆使賢不肖得中也」，蓋「長」與「有餘」，就賢者言，使不得逾於禮。「短」與「不足」，就不肖者言，使勉乎及禮。「長」者斷之，「有餘」者損之，乃限禁賢者之逾於禮；「短」者續之，「不足」者益之，乃促使不肖者之不能不及於禮，此卽謂之爲文以節飾人情也。故賢者臻乎敬愛之文，而不至於滅性；不肖者以此助成行義之美，而不至近於禽獸之行。喻賢與不肖，皆不失其中也。它若「文飾」與「粗惡」、「聲樂」與「哭泣」、「恬愉」與「憂戚」，此六者皆相反之情事也，然迭時代用，所以成其「禮之中流」者，亦爲文以節飾人情之效也！

荀子性惡篇：「古者聖王以人之性惡，以爲偏險而不正，悖亂而不治；是以爲之起禮義，制法度，以矯飾人之情性而正之，以擾化人之情性而導之也。」古之聖王因人之性惡，以爲偏激險邪而不端正，叛背天理而不安治，乃爲之作禮義、制法度，用以矯正修飾人之眞情本性，使之端正；用以揉化人之眞情本性，爲之導引。此則荀子「起禮義、制法度」之意，亦所謂爲文以節飾人情者也。

丙、使人羣居和一而勝物

荀子思想係以禮爲中心，政治僅爲禮之一端耳。爲政者當知「節用以禮，裕民以政」（富國篇）。故禮者，小則足以令人類聚和睦，大則促使社會益爲團結、發達。荀子王制篇固以爲「義以分則和，和則一，一則多力，多力則彊，彊則勝物」，是以國家之設也，首立制度，置官吏也者，不外執行禮之分，使各有等差、各有定分，然後和一而多力以勝物也，否則害生縱欲，必生爭端。其昭夫「禮」之儀文，通夫人類倫序之順者，此國家之所由生也。故禮也者，人倫平等之依據，社會秩序之標的，羣居和一而勝物之大道也。然則，使人羣居和一而勝物，亦荀子隆禮功用之一涂！

荀子王制篇：「君者，善羣也。羣道當則萬物皆得其宜，六畜皆得其長，羣生皆得其命。故養長時，則六畜育，殺生時，則草木殖。政令時，則百姓一，賢良服。聖王之制也。」君者，善能使人爲羣者也。羣道得其當，則萬物皆得其宜，六畜皆得其長，諸凡有生之類，皆得安其性命。故長養不失其時，則六畜皆可長育，滋生斬伐不失其時，則草木繁殖。發政施令不失其時，則百姓從一，賢良服用，此聖王之制也。論語衞靈公篇云：「君子矜而不爭，羣而不黨。」朱熹注云：「和以處衆曰羣。」是以「羣」乃處衆之道也。和以處衆，固見其羣矣，然亦善其待物者而已，此君子之所以內不失己、外不失於人也，故曰「羣道當則萬物皆得其宜，六畜皆得其長，羣生皆得其命」也。

荀子榮辱篇：「夫詩書禮樂之分，固非庸人之所知也。故曰：一之而可再也，有之而可久也，廣之而可通也，慮之而可安也，反鈆察之而兪可好也。以治情則利，以爲名則榮，以羣則和，以獨則足樂，意者其是邪？」此雖言詩書禮樂之大分界，然其所謂「一之而可再也」者，既知一則可由一知二知三也，禮論篇嘗言「一之於禮義，則兩得之矣；一之於性情，則兩喪之矣」，足見「一」之爲功大矣！此又云「以羣則和」也者，是謂處衆之際，宜以「和」爲功也。

荀子禮論篇：「故三年以爲隆，緦、小功以爲殺，期、九月以爲間，上取象於天，下取象於地，中取則於人，人所以羣居和一之理盡矣。故三年之喪，人道之至文者也，夫是之謂至隆。是百王之所同，古今之所一也。」

荀子言及喪禮之準也，三年以爲隆重，緦麻、小功以爲損殺，而一年、九月則居於隆殺之間。上取法於天，下取象於地，中取則於人，人所以羣居和一之理，盡於此矣。易言之，人所以羣居和一之道，卽應若三年喪禮，取則人事以象法天地，然後立中制節是也，蓋處衆之際，戒謹恐懼，務盡其理，而防私意之或萌也。

荀子禮論篇：「凡生乎天地之間者，有血氣之屬必有知，有知之屬，莫不愛其類。」凡生乎天地之間者，有血氣之物，必有知覺，有知覺之物，莫不愛其種類。故人與人間之和睦相處，乃屬自然之事也。

荀子修身篇：「老老而壯者歸焉；不窮窮而通者積焉；行乎冥冥，而施乎無報，而賢不肖一焉；人有此三行，雖有大過，天其不遂乎！」以老者之禮敬老者，則壯者亦將歸附之；惠恤窮困無能之人者，則賢能通顯者亦將以類相聚之；行事不務求人知，凡有施予不務報答，如此，賢與不肖同慕而歸之；有此三種德行者，雖遇大禍，天必不成之，使其陷於禍也！凡此皆言人類相處之道，宜敬老、恤窮、默默行善、不求報償也。

荀子禮論篇：「故尚賢使能，等貴賤，分親疏，序長幼，此先王之道也。故尚賢使能，則主尊下安；貴賤有等，則令行而不流；親疏有分，則施行而不悖；長幼有序，則事業捷成而有所休。故仁者，仁此者也；義者，分此者也；節者，死生此者也；忠者，惇愼此者也。」

荀子所欲建立之新秩序，乃「尚賢使能，等貴賤，分親疏，序長幼」之社會秩序，使社會每一階層合理化，並具流動性，惟其流動之標準則爲禮義，故儒效篇乃曰「積禮義而爲君子」，反之，不積禮義則爲小人矣。此種「尚賢」觀念，已摒除古代氏族之梯級制度，已步入「羣居和一」理想社會之境界矣！

荀子非十二子篇：「兼服天下之心：高上尊貴，不以驕人。聰明聖知，不以窮人。齊給速通，不爭先人。剛毅勇敢，不以傷人。不知則問，不能則學，雖能必讓，然後爲德。遇君，則修臣下之義；遇鄉，則修長幼之義；遇長，則修子弟之義；遇友，則修禮節辭讓之義；遇賤而少者，則修告導寬容之義。無不愛也，無不敬也，無與人爭也，恢然如天地之苞萬物。如是，則賢者貴之，不肖者親之。」將欲兼服天下人之心，雖居上位，亦須以德待人，不可以貴驕人，它若「遇君」「遇鄉」「遇友」「遇賤而少者」，各有其應修之義。如此，人類之相處也，「無不愛也，無不敬也」，無所爭競，恢廓如天地之於萬物，無不包涵，故「賢者貴之」，不肖者亦樂於親近。凡此，亦促使社會「羣居和一」之道也。

荀子非相篇：「人有三不祥：幼而不肯事長，賤而不肯事貴，不肖而不肯事賢，是人之三不祥也。人有三必窮：爲上則不能愛下，爲下則好非其上，是人之一必窮也；鄉則不若，偝則謾之，是人之二必窮也；知行淺薄，曲直有以相縣矣，然而仁人不能推，知士不能明，是人之三必窮也。」

荀子所謂「人有三不祥」者，卽言幼與長、賤與貴、不肖與賢必須判辨，各安其分，用以建立「羣居和一」之社會也。它若「人有三必窮」者，喻上下未能寬厚敬愛，不相互諒之患也。

荀子非相篇：「故君子賢而能容罷；知而能容愚，博而能容淺，粹而能容雜：夫是之謂兼術。詩曰：『徐方既同，天子之功。』此之謂之。」

君子自身賢能且能兼容罷弱之人，自身明智且能兼容愚昧之人，自身廣博且能兼容淺陋之人，自身專精且能兼容雜駁之人，如此，謂之兼容之術。此亦言人類社會相處之道，凡自身賢能之君子，首在胸襟廣大容衆，以達「羣居和一」。故引詩經大雅常武篇之末章，借宣王既平徐州之夷，猶視同一體，以喻君子容衆，亦如天子之容徐也。

荀子非十二子篇：「古之所謂仕士（「仕士」二字本作「士仕」，依王念孫改，下同）者，厚敦者也，合羣者也，樂良（「良」字本作「富」，依劉師培改）貴者也，樂分施者也，遠罪過者也，務事理者也，羞獨富者也。今之所謂仕士者，汙漫者也，賊亂者也，恣睢者也，貪利者也，觸抵者也，無禮義而唯權埶之嗜者也。」

楊倞注云：「合，謂和合羣衆也。」此言古今出而任事之士，其行事履道截然有所不同者。其中「合羣」「禮義」兩者，亦辨古今「仕士」之途也。

荀子大略篇：「夫行也者，行禮之謂也。禮也者，貴者敬焉，老者孝焉，長者弟焉，幼者慈焉，賤者惠焉。」

貴者致敬，老者致孝，長者致弟，幼者致慈，賤者致惠，此行禮之要節也；惟有各層次之相敬相處，始足以合羣相聚而達和一之境也。

荀子大略篇：「親親、故故、庸庸、勞勞，仁之殺也。貴貴、尊尊、賢賢、老老、長長，義之倫也。」

親者親，故者故，有功有勞者，稱其功勞以酬報之，仁之等差也。貴其貴，尊其尊，賢其賢，老其老，長其長，義之所當然也。此人倫社會之常態也，宜體察而力行之。

荀子大略篇：「少者以長，老者以養，故天地生之，聖人成之。」（又見富國篇）

荀子宥坐篇：「孔子曰：『吾有恥也，吾有鄙也，吾有殆也：——幼不能彊學，老無以敎之，吾恥之。去其故鄉，事君而達，卒遇故人，曾無舊言，吾鄙之。與小人處者，吾殆之也。』」

「少者以長，老者以養」以及引孔子云云，蓋吾國先哲之人生觀，類皆視「天地萬物爲一體」。惟其有「民胞物與」之胸襟，故能發抒「己飢己溺」、「老吾老以及人之老，幼吾幼以及人之幼」，以及敬愛鄉人之眞情，故能推行「羣居和一」之良好制度。

荀子法行篇：「孔子曰：『君子有三恕：有君不能事，有臣而求其使，非恕也；有親不能報，有子而求其孝，非恕也；有兄不能敬，有弟而求其聽令，非恕也。士明於此三恕，則可以端身矣！』」

此引孔子之言，與中庸所謂「所求乎子以事父」「所求乎臣以事君」「所求乎弟以事兄」同旨矣，惟彼就正面言，此就反面言，要其爲忠恕之道一也。

荀子王制篇：「選賢良，舉篤敬，興孝弟，收孤寡，補貧窮；如是，則庶人安政矣。」收養孤寡，輔助窮困，令庶人安服於政者，卽今日所謂社會救濟事業也。荀子固欲「移風易俗」令「天下皆寧，美善相樂」（註六），故有如此之主張。

荀子富國篇：「德必稱位；位必稱祿；祿必稱用。由士以上，則必以禮樂節之；衆庶百姓，則必以法數制之。量地而立國，計利而畜民，度人力而授事。使民必勝事，事必出利，利足以生民，皆使衣食百用出入相揜。必時臧餘，謂之稱數。故自天子通於庶人，事無大小多少，由是推之。故曰：『朝無幸位，民無幸生。』此之謂也。」

衡量地之大小以立國，計數地利之豐儉以養民，揣度人力授以職事；必使民勝事，事出利足以生養人民，日常雜用之收支平衡，歲時猶或可藏其賸餘。凡此上下所爲之事，皆以稱數推之，故「朝無幸位，民無幸生」。順是，「德必稱位；位必稱祿；祿必稱用」矣！蓋人不能無羣，羣則求分，然後「各安其分」，以臻「羣居和一」之境。

荀子榮辱篇：「夫貴爲天子，富有天下，是人情之所同欲也；然則從（縱）人之欲，則埶（勢）不能容，物不能贍也。故先王案爲之制禮義以分之，使有貴賤之等，長幼之差，知愚能不能之分，皆使人載其事而各得其宜，然後使穀（「穀」字原作「慤」，依俞樾改）祿多少厚薄之稱，是夫羣居和一之道也。」

貴爲天子之尊，富有天下之大，此人情之所同具之慾望也。然而縱人之欲，勢不能容，蓋盡天地間之物亦無以贍其欲；故先王為之制定禮義以分別之，使之貴賤有等，長幼有差，智者愚者、能與不能者各明其分，使人各任其事，各稱其能，然後量其事之大小，而使穀祿之多少厚薄與之相稱，此卽羣衆居處而能相和一之道也。是則隆禮之功用，莫大於明分使羣，莫大於羣居和一。彼以人類身分、年齡、材質之異，以為物質享用之差等，是謂「各得其宜」，或謂之義；若案之演為公認共循之制度，卽謂之禮，蓋荀子持此禮義以治天下者也。

荀子榮辱篇：「故仁人在上，則農以力盡田，賈以察盡財，百工以巧盡械器，士大夫以上至於公侯，莫不以仁厚知能盡官職，夫是之謂至平。故或祿天下而不自以為多，或監門御旅，抱關擊柝，而不自以為寡。故曰：『斬而齊，枉而順，不同而一。』夫是之謂人倫。」

社會一旦步入「羣居和一」之境，則所濟多矣！農人盡力以耕，商賈盡察聚財，百工盡巧以制械器，士大夫以上以仁厚智能盡其官職，如此，則臻「至平」之社會。故人各守其事，各安其分，而不作無饜之求、無謂之爭、無故之亂，是以「或祿天下而不自以為多，或監門御旅，抱關擊柝，而不自以為寡」也，蓋不齊之中有至齊焉，不一之中有至一焉。

荀子禮論篇：「天地以合，日月以明，四時以序，星辰以行，江河以流，萬物以昌，好惡以節，喜怒以當，以為下則順，以為上則明，萬變不亂（此句本作「萬物變而不亂」，依顧千里改），貮（「貮」字本作「貳」，依王先謙改）之則喪也。禮豈不至矣哉！立隆以為極，而天下莫之能損益也。」

禮之功用至大，雖已止於「羣居和一」之「至平」社會，然上調天時，下節人情，若無禮以分別之，則天時人事皆亂，故必立隆盛之禮，以極盡天人之際，使天下「羣居和一」，不復更能損益也。

荀子王制篇：「水火有氣而無生，草木有生而無知，禽獸有知而無義；人有氣有生有知亦且有義，故最爲天下貴也。力不若牛，走不若馬，而牛馬爲用，何也？曰：人能羣，彼不能羣也。人何以能羣？曰：分。分何以能行？曰：義。故義以分則和，和則一，一則多力，多力則彊，彊則勝物；故宮室可得而居也。故序四時，裁萬物，兼利天下，無它故焉，得之分義也。故人生不能無羣，羣而無分則爭，爭則亂，亂則離，離則弱，弱則不能勝物。故宮室不可得而居也，不可少頃舍禮義之謂也。」

人之所以爲萬物之靈者，「人有氣有生有知亦且有義」，故人爲最貴。況人爲羣居之動物，論其力不若牛，走不若馬，而牛馬反爲人所役使者，人能合羣，彼不能合羣也。人何以能羣？曰：以其有親疏上下尊卑貴賤之「分」耳。分何以能行？賴有禮義爲之裁而制之也。有義以爲分界，則各守其分而和合爲一。和合爲一，則力多、富强且能制勝於物。能制勝於物，則物不能害，故宮室可得而安居也。反之，爭、亂、離、弱起矣，故力不能勝物，雖有宮室不可得而安居也。然則荀子之言「義」，則以多力勝物爲教矣，固與孟子言「義」有別。蓋荀子以爲人之所以可貴而能勝物者，在人能羣，物不能羣，而義者所以合羣也。況和一而多力，且能勝物以制物也。凡此所言，不僅欲辨人我貴賤之分，亦欲令人羣居和一而勝物也。

荀子君道篇：「君者何也？曰：能羣也。能羣也者，何也？曰：善生養人者也；善班治人者也；善顯設人者也；善藩飾人者也。……四統者俱而天下歸之，夫是之謂能羣。」於此，荀子「能羣」之內涵，即「生養」「班治」「顯設」「藩飾」四統也。惟以「四統」以釋「羣」，此乃就爲政之功用立論，以「人」爲對象，以求社會政治公共事務之各得其宜也。富國篇亦云「人之生，不能無羣」，是則荀子所尊之君，必其有善羣而爲天下所歸往者，蓋羣道當則萬物皆得其宜也！然則若何人而後能之邪？荀子固以爲非聖人莫之能爲！

荀子天論篇：「大天而思之，孰與物畜而裁之？從天而頌之，孰與制天命而用之？望時而待之，孰與應時而使之？因物而多之，孰與騁能而化之？思物而物之，孰與理物而勿失之也？願於物之所以生，孰與有物之所以成？故錯人而思天，則失萬物之情。」

楊倞注：「物之生雖在天，成之則在人也，此皆言理平豐富在人所爲，不在天也。」荀子之學，亦在知人而已。知人者，裁天而制之也，故其於性惡篇乃曰「善言天者，必有徵於人」，儒效篇云「道者，非天之道，非地之道，人之所以道也」，無它，彼固以爲物之所以生在天，而所以成在人，故荀子者，以人全天、以人勝物，治人道者也。其意以爲先王之道，固如是耳！其所以重言隆禮者，亦以禮者，人道之極也；是則使人羣居和一而勝物，亦荀子之特徵也已！

綜上所述，足見荀子言禮，範疇至大至廣，充沛宇宙，無所不涵，識其小者言，禮者，所以治氣修身；識其大者言，禮者，用於正法治國。生乎由是，死乎由是，莫非禮也。是以荀子之所謂「禮」，乃概括人倫一切之規範，陳大齊先生有云：「荀子所說的禮，其範圍至爲廣大，上自人君治國之道，下至個人立身處世之道，乃至飲食起居的細節，莫不爲其所涵攝。禮不但是行爲方面的準繩，且亦是思想言論方面的準繩，不但是處理社會現象的準繩，且亦是應付自然現象的準繩，故荀子所說的禮，包羅著言行的各種規範，可說是一切規範的總稱。」（註七）旨哉言乎！

【附　註】

註　一：見荀子大略篇。

註　二：見荀子富國篇。

註　三：見荀子榮辱篇。

註　四：案此節文字，錯簡甚多，今依楊倞、王先謙、盧文弨、王念孫諸人之說而改，恕不一一指明，其詳見王氏荀子集解。

註　五：見中華文化出版事業委員會排印本，第九章，頁一四七。

註　六：見荀子樂論篇。

註　七：見荀子學說第九章第一節，中華文化出版事業委員會排印本，頁一四〇。

第三章　孔孟荀禮學之比較

第一節　教育方面

昔者官師合一，教育之柄，操諸王官，若非入官府，無由問學；然官有定額，人口日增，教育何能普及？迨孔子始剏官師分立，開私人講業之風，而民智賴以啟廸，故曰「有教無類」（註一）。

論語季氏篇：陳亢問於伯魚曰：「子亦有異聞乎？」對曰：「未也。嘗獨立，鯉趨而過庭，曰：『學詩乎？』對曰：『未也。』『不學詩，無以言！』鯉退而學詩。他日又獨立，鯉趨而過庭，曰：『學禮乎？』對曰：『未也。』『不學禮，無以立！』鯉退而學禮。聞斯二者。」陳亢退而喜曰：「問一得三：聞詩，聞禮，又聞君子之遠其子也。」

論語堯曰篇：子曰：「不知命，無以爲君子也。不知禮，無以立也。不知言，無以知人也。」

孔子上承先王詩書禮樂之教，首揭學詩學禮，以爲立身處世之本，是以教其子伯魚曰：「不學詩，無以言！……不學禮，無以立！」人貴於能言，而恆自學詩得之，蓋學詩而后深悟興觀羣怨之旨，多識草木蟲魚鳥獸之名，佐助應對，故能言；人貴於能立，而恆自學禮得之，蓋學禮而后揖讓進退莫不得體，故能立。

論語泰伯篇：子曰：「興於詩，立於禮，成於樂。」

夫子示人以禮成德，則中正之懿矩與形志相爲約束，而爲善去惡之心卓然定矣！故儒家之教，後世亦稱之曰「禮教」者，乃欲繩局人之視聽言動，融箸中禮，戰兢惕厲，不敢稍有逾矩也，故曰：「立於禮」。

論語雍也篇：子曰：「君子博學於文，約之以禮，亦可以弗畔矣夫？」（又見顏淵篇）

論語子罕篇：顏淵喟然歎曰：「仰之彌高，鑽之彌堅；瞻之在前，忽焉在後。夫子循循然善誘人，博我以文，約我以禮。欲罷不能，既竭吾才；如有所立，卓爾；雖欲從之，末由也已！」

「禮」者，於人有節文度數之詳，是以「博學於文」者，「知」也；「約之以禮」者，「行」也，若止博學於文籍之事而不以禮束身，則陷溺於知而不行。反之，如能博文約禮，則可以不違道，而能有所立。

論語述而篇：子所雅言：「詩、書、執禮；皆雅言也。」

禮之獨言「執」者，蓋就人之所執守以行而言，不止記誦而已。此亦足證孔子重禮之精蘊矣！

孟子公孫丑篇下：陳臻問曰：「前日於齊，王餽兼金一百而不受。於宋，餽七十鎰而受。於薛，餽五十鎰而受。前日之不受是，則今日之受非也；今日之受是，則前日之不受非也：夫子必居一於此矣。」孟子曰：「皆是也。當在宋也，予將有遠行，行者必以贐，辭曰『餽贐』，予何爲不受？當在薛也，予有戒心，辭曰『聞戒，故爲兵餽之』，予何爲不受？若於齊，則未有處也。無處而餽之，是貨之也。焉有君子而可以貨取乎？」

此章記弟子陳臻見孟子周遊列國，辭受不同，遂疑而問焉，重在不受齊餽，以其不與宋薛同也。夫同一餽也，而受不受異焉，故有此問。孟子則以義理斷制以敎之，蓋受宋之餽，是行者必以贐，古有其禮也；當在薛時，適有戒焉，故爲兵備之餽，亦宜受也；若前日之於齊也，無遠行戒心之事而未有所處也；無所處而餽之以金，既非爲贐又非爲兵，是誘我以利而貨之也，烏得受焉？此雖不明言禮，而實言禮也，亦卽辭受取予必不違於禮也。

荀子敎育哲學，以性惡觀立論，以爲率性而發展，必然爲惡。

荀子性惡篇：「人之性惡；其善者，僞也。今人之性，生而有好利焉，順是，故爭奪生而辭讓亡焉；生而有疾惡焉，順是，故殘賊生而忠信亡焉；生而有耳目之欲，有好聲色焉，順是，故淫亂生而禮義文理亡焉。然則從人之性，順人之情，必出於爭奪，合於犯文亂理，而歸於暴。」

此荀子性惡說之大要。人性之所以爲惡，關鍵繫之縱人之性，而不知節「順是」，故爭奪、殘賊、淫亂生，辭讓、忠信、禮義文理亡焉。

荀子修身篇：「凡用血氣、志意、知慮，由禮則治通，不由禮則勃亂提僈；食飲、衣服、居處、動靜，由禮則和節，不由禮則觸陷生疾；容貌、態度、進退、趨行，由禮則雅，不由禮則夷固僻違庸衆而野。故人無禮則不生，事無禮則不成，國家無禮則不寧。」

荀子以人之性惡，而欲以禮加諸庶物庶事，以合於「禮然而然」「師云而云」！

荀子性惡篇：「問者曰：人之性惡，則禮義惡生？應之曰：凡禮義者，是生於聖人之僞，非故生於人之性也。……聖人積思慮、習僞故，以生禮義而起法度，然則禮義法度者，是生於聖人之僞，非故生於人之性也。……故聖人化性而起僞，僞起而生禮義，禮義生而制法度；然則禮義法度者，是聖人之所生也。」

荀子性惡篇：「凡人之欲爲善者，爲性惡也。夫薄願厚，惡願美，狹願廣，貧願富，賤願貴，苟無之中者，必求於外，故富而不願財，貴而不願執，苟有之中者，必不及於外。用此觀之，人之欲爲善者，爲性惡也。今人之性，固無禮義，故彊學而求有之也；性不知禮義，故思慮而求知之也。」人性雖惡，尚可化導，化導人性，有賴於聖人設教以育之，蓋教育可以革人之性、規人之性、範人之性，使臻於至善，是以聖人以人之性惡，故爲之起禮義、制法度，乃以矯飾人之情性而正之，擾化人之情性而導之者也。禮義爲導化人性之規範，欲化性敎僞，則須賴後天之教育，令人人日積靡禮義之道，變化氣質，累積善行。故曰：「今人之性惡，必將待聖王之治，禮義之化，然後皆出於治，合於善也。」（註二）

第二節　政治方面

歷史上奪權爭位之事，層出不窮，析其原因，一爲內舉不避親，以致謠言紛起，謂之爲「家天下」；二爲地位之獲取，乃由政變方式得之，誠不知以暴易暴，畢竟爲他人以同方式取而代之。然深究其根本，實爲政不以禮治國使然爾！

論語子路篇：子路曰：「衞君待子而爲政，子將奚先？」子曰：「必也正名乎？」子路曰：「有是哉！子之迂也。奚其正？」子曰：「野哉！由也。君子於其所不知，蓋闕如也。名不正則言不順，言不順則事不成，事不成則禮樂不興，禮樂不興則刑罰不中，刑罰不中，則民無所措手足。故君子名之必可言也；言之必可行也。君子於其言，無所苟而已矣！」

禮所以別上下，以讓爲本；樂所以陶性情，以和爲主；事既不成，固無以興禮樂；蓋夫子爲政以正名爲先，必將具其事之本末而立之，則人倫正，天理得，名正言順而事成矣！反之，名不正言不順則事不成，亦不能興禮樂以化民治國，徒濫施刑罰而不能使民有恥且格，是以孔子以衞君逆道而取其位，亦已違禮樂之本，故評之曰「事不成，則禮樂不興」云云。

論語里仁篇：子曰：「能以禮讓爲國乎？何有？不能以禮讓爲國，如禮何？」

禮，凡整官百官、約束萬民皆是；讓，指心之謙遜。惟此章說禮之根基本諸禮，因「禮」是「讓」之文，「讓」是「禮」之實。從政者誠能以節文度數之禮，而本諸恭敬辭遜之讓，蔚成風氣，爲國何難之有？

論語先進篇：子路曾晳冉有公西華侍坐。……曰：「夫子何哂由也？」曰：「爲國以禮，其言不讓，是故哂之。」

言治國當本之以禮，而禮貴謙讓。子路之言不讓，故孔子哂之。

論語子路篇：樊遲請學稼。子曰：「吾不如老農。」請學爲圃。曰：「吾不如老圃。」樊遲出。子曰：「小人哉！樊須也。上好禮，則民莫敢不敬。上好義，則民莫敢不服。上好信，則民莫敢不用情。夫如是，則四方之民，襁負其子而至矣！焉用稼？」

孔子答樊遲，言在上者，若能好禮、義、信，則四方之民，皆襁負其子而至，不必使士兼爲稼圃之事。蓋上誠好禮，而莊以持己，則禮足以肅民心，而民莫敢不敬；上誠好義，而事皆合宜，則義足以服民心，而民莫敢不服；上誠好信，而不欺其下，則信足以固民心，而民莫敢不用情。夫能好禮、義、信，而致民之敬服用情如是，則居上位者有大人之德，四方之民，襁負其子而至，以爲之稼圃矣，又焉用自爲稼圃哉？惟其中首揭「上好禮，則民莫敢不敬」，尤堪玩味。

論語憲問篇：子曰：「上好禮，則民易使也。」

「上」，指居上位者；「好禮」，是指修之身、行於政者，皆以禮爲之節文。是以居上位爲政者，若能凡事依禮而行，則型方訓俗必以禮，禮達而分定，民皆知其當然，而趨事、赴功、處變、從征、犯難，不待刑驅勢迫而爭先恐後矣，豈有不易使之理乎？

論語八佾篇：子曰：「居上不寬，爲禮不敬，臨喪不哀，吾何以觀之哉？」

朱注云：「居上主於愛人，故以寬爲本；爲禮以敬爲本；臨喪以哀爲本。既無其本，則以何者而觀其所行之得失哉？」是以居上不能寬厚待下；爲禮不能存敬；臨喪不知哀痛，是其本盡亡矣，其爲人也，何足取焉？

論語爲政篇：子曰：「道之以政，齊之以刑，民免而無耻。道之以德，齊之以禮，有耻且格。」

史記太史公自序云：「夫禮禁未然之前，法施已然之後；法之所爲用者易見，而禮之所爲禁者難知。」故所謂「有耻且格」者，言耻於不善，而「有以使民日遷善而不自知」（採朱注），亦即太史公所云「禮禁未然之前」！而「免而無耻」者，言懾於刑威，雖不敢爲惡，而爲惡之心未嘗去也，亦史公所云「法施已然之後」也。誠使以政以刑道齊人民，固可免其爲惡，然猶不知惡之爲惡；必也以德以禮道齊人民，若是，則能耻其不善，臻於至善！

論語八佾篇：子曰：「事君盡禮，人以爲諂也。」

盡者，盡其當然，莫敢於禮之中有所損，亦莫敢於禮之外有所益。蓋夫子之時，君弱臣强，事君多簡傲無禮，故反以事君盡禮者爲諂也。

論語衞靈公篇：子曰：「知及之，仁不能守之，雖得之，必失之。知及之，仁能守之，不莊以涖之，則民不敬。知及之，仁能守之，莊以涖之，動之不以禮，未善也。」

治國爲政之人，其智足以知之，仁足以守之，又能臨之以敬；然設使施政不能以禮行之，猶未能稱善，足見禮於行政施治之重要。蓋禮乃三代化民成俗中事，故施治臨民不以禮，非王道之極致也。

降及孟子之世，封建制度式微，專制政治之萌芽則日見茁長，天下大亂，兵戈不息，蜩螗沸羹，民不聊生；各國惟富國强兵是務，秦用商君，楚魏用吳起，齊威王宣王用孫子田忌之徒，是以力政、致覇、重令、尊君之說恣肆猖獗，而孔門道德仁義之談，則湮沒而無聞。孟子乃隱然以上繼孔子之業爲職志。然其論出處，亦莫不以禮爲宗也。

孟子滕文公篇下：「三月無君則弔，不以急乎？」曰：「士之失位也，猶諸侯之失國家也。禮曰：『諸侯耕助，以供粢盛；夫人蠶繅，以爲衣服。犧牲不成，粢盛不潔，衣服不備，不敢以祭。惟士無田，則亦不祭。』牲殺、器皿、衣服不備，不敢以祭，則不敢以宴，亦不足弔乎？」

此處周霄問三月無君則弔，孟子卽引禮爲答，蓋三月無君則弔，禮自當弔也。

孟子滕文公篇下：「出疆必載質，何也？」曰：「士之仕也，猶農夫之耕也，農夫豈爲出疆舍其耒耜哉？」

周霄又論出疆必載質，孟子以仕爲士之分，故曰「猶農夫之耕」，士見君不可以無質，猶農夫之耕不可以無耒耜，故出疆必載質，禮自當載也。

孟子滕文公篇下：曰：「晉國，亦仕國也。未嘗聞仕如此其急；仕如此其急也，君子之難仕，何也？」曰：「丈夫生而願爲之有室，女子生而願爲之有家，父母之心，人皆有之。不待父母之命，媒妁之言，鑽穴隙相窺，踰牆相從，則父母國人皆賤之。古之人，未嘗不欲仕也，又惡不由其道；不由其道而往者，與鑽穴隙之類也。」

孟子與周霄論仕，周霄更問及君子之難仕，而孟子皆準禮以爲答：君子之難仕者，以道不可枉耳！彼丈夫之生也，而願爲之有女以爲室；女子之生也，而願爲之有男以爲家；此父母之心，不但一人爲然，人皆有之，然必由之以「禮」，斯可貴耳！若不待父母婚媾之命，與媒妁通好之言，竟鑽穴隙以相窺，踰越垣牆以相從，則內而父母、外而國人，皆從而輕賤之。故古之人知君臣之義，不可一日廢，未嘗不欲出而仕也，亦猶爲父母者之願男女有室家也；然出處分明，又惡夫自卑自小、枉己徇人，而不由其道義之正焉。彼不由其道而往，至比之鑽穴隙相窺，非禮亦甚矣！此君子所以雖急於仕而又難於仕也。

孟子萬章篇下：萬章問：「士之不託諸侯，何也？」孟子曰：「不敢也。諸侯失國而後託於諸侯，禮也。士之託於諸侯，非禮也。」……萬章曰：「敢問不見諸侯，何義也？」孟子曰：「在國，曰市井之臣。在野，曰草莽之臣。皆謂庶人。庶人不傳質爲臣，不敢見於諸侯，禮也。」

萬章問曰：士當未仕時，雖寄身於諸侯而食其祿，似不爲過；乃不肯託於諸侯，何也？孟子又引「禮」以對：士之不託諸侯，非其心之不欲，乃分之所不敢也。彼諸侯本有爵土者，一旦失國，出奔而託寓於他國，則他國之君予以廩餼之養，是乃「禮」之所宜也；若士無爵邑而亦託食於諸侯，非「禮」也，此士之所以不敢也。此孟子傳食諸侯，止受餽、不受祿，以爲「託」或「不託」、「敢」或「不敢」，辭受取與之間，皆須準禮之宜，出自「分」所當爾也。已而萬章問：士以行道爲心，則當以得君爲急，乃高尚其志，而不肯往見諸侯，敢問果何義也？孟子答以：率土皆臣士，不拘其爲「市井之臣」抑「草莽之臣」，名雖爲臣，其實皆是庶人，故庶人若不傳質爲臣，不敢私見於諸侯者，此守庶人之分之「禮」也。然則孟子論仕，所謂庶人義不得見於諸侯者，以不準諸「禮」也。

孟子離婁篇上：「上無禮，下無學，賊民興，喪無日矣！」

朱注：「上不知禮，則無以教民；下不知學，則易與爲亂。」惟上無道揆而不知禮，則無以教民，斯下又不知學，如此，則奸宄寇賊並作，而國之喪亡無日矣！此誠國之災也，在上居高位者，當以「禮」治自勉矣！

荀子之論政也，曰禮者所以正國，水行者表陷，治民者表亂，禮者其表也。

荀子天論篇：「水行者表深，表不明則陷。治民者表道，表不明則亂。禮者，表也。非禮，昏世也。昏世，大亂也。」

此固荀子欲使民正其行而以禮表之者也，其所謂制之以禮者，固以表民之亂也；表民之亂者，正其行；正其行者，使無陷也。此與孔子所謂「齊之以禮」者異，蓋夫子「齊之以禮」者，固以格民之恥也；格民之恥者，正其心；正其心者，使興於仁也。而荀子之論政，以爲禮者所以正國，水行者表陷，治民者表亂，禮者其表也云云，是皆參於「法」，此所以異於夫子之道者也。

荀子禮論篇：「繩墨誠陳矣，則不可欺以曲直；衡誠縣矣，則不可欺以輕重；規矩誠陳矣，則不可欺以方圓；君子審於禮，則不可欺以詐僞。」

荀子王霸篇：「國無禮則不正，禮之所以正國也。譬之猶衡之於輕重也，猶繩墨之於曲直也，猶規矩之於方圓也，既錯之而人莫之能誣也。」

荀子論禮，以之爲繩衡規矩者，固亦「禮者，人道之極也」（註三）之旨！此猶愼到「有權衡者，不可欺以輕重；有尺寸者，不可差以長短；有法度者，不可巧以詐僞」（註四），以法爲之權衡尺寸也。故荀子之所謂禮，與法家之所謂法，其所不同，亦特其名而已。故其非愼子也，曰：「尙法而無法。」（註五）「尙法而無法」，乃謂不知以禮爲法而已，故曰「禮者，法之大分」（註六），又曰「非禮，是無法也」（註七），荀子實以禮爲法。此其所以爲荀卿氏之儒也歟？故其言禮則與孔子異。

荀子王制篇：「先王惡其亂也，故制禮義以分之，使有貧、富、貴、賤之等。」

荀子勸學篇：「故隆禮，雖未明，法士也。不隆禮，雖察辯，散儒也。」

荀子禮論篇：「然而不法禮，不足禮，謂之無方之民；法禮足禮，謂之有方之士。」

是言「貧」、「富」、「貴」、「賤」，因禮而畸；他若「法士」、「散儒」與「無方之民」、「有方之士」之別，亦視明禮與否！是禮之爲用莫大焉！

荀子議兵篇：「禮者，治辨之極也，强國之本也，威行之道也，功名之總也。王公由之，所以得天下也；不由，所以隕社稷也。故堅甲利兵，不足以爲勝；高城深池，不足以爲固；嚴令繁刑，不足以爲威。由其道則行，不由其道則廢。」

荀子修身篇：「人無禮則不生，事無禮則不成，國家無禮則不寧。」

荀子君道篇：「請問爲人君？曰：以禮分施，均徧不偏。」

荀子富國篇：「觀國之强弱貧富有徵：上不隆禮則兵弱；上不愛民則兵弱；已諾不信則兵弱；慶賞不漸則兵弱；將率不能則兵弱。……」

荀子治國議兵，以爲治政之基、攻戰之本，舍禮莫由！明乎此，其「不知壹天下建國家之權稱」（註八）云云，是謂不知以禮爲之權稱焉耳！蓋墨子絀禮而尙同，因以齊一天下之義，是失其權稱矣！然則，荀子一書，舍禮莫得，其由抽象而具體，活潑而凝固，如道旁圍檻，衆所共由，凡人倫、敎化、爲政、議兵之道，終歸於是而已矣！

第三節　人事方面

禮所以辨貴賤、序長幼、別男女、分內外，進退有度，威儀有象，先王制「中」以爲用，中者，所以爲禮也，俾社會各守秩序，各安分際，不使有過與不及之處。

論語泰伯篇：子曰：「恭而無禮則勞；愼而無禮則葸；勇而無禮則亂；直而無禮則絞。君子篤於親，則民興於仁。故舊不遺，則民不偸。」

恭以接人，愼以執事，勇是强果有爲，直是盡言無隱，四者俱是美德，其中原皆有禮，蓋禮者，天理之節文，所以爲德之準也，故求其中而已，無太過亦無不及。苟致恭而無禮以節文之，則勞而過於足恭矣；苟謹愼而無禮以節文之，則葸而過於畏懼矣；苟有勇而無禮以節文之，則亂而流於犯分矣；苟正直而無禮以節文之，則絞而傷於迫切矣！此章蓋記夫子教人，一切行爲舉止，皆應循禮爲度，如徒恭、愼、勇、直，無禮以爲之節，亦自弊病叢生。

論語學而篇：有子曰：「禮之用，和爲貴；先王之道，斯爲美，小大由之。有所不行，知和而和，不以禮節之，亦不可行也。」

朱子注此章云：「禮者，天理之節文，人事之儀則也；和者，從容不迫之意；蓋禮之爲體雖嚴，然皆出於自然之理，故其爲用，必從容而不迫，乃爲可貴。先王之道，此其所以爲美，而小事大事，無不由之也。承上文而言，如此而復有所不行者，以其徒知和之爲貴，而一於和，不復以禮節之，則亦非復禮之本然矣，所以流蕩忘反，而亦不可行也。」是謂禮之行，以雍和爲貴，然僅知和之爲貴，而一味和氣，不以禮節之，亦不可行。由此可見「過嚴則拘拘，非禮也；過和則肆肆，亦非禮也」；用禮者其當審諸？

論語顏淵篇：顏淵問仁。子曰：「克己復禮爲仁。一日克己復禮，天下歸仁焉！爲仁由己，而由人乎哉？」顏淵曰：「請問其目。」子曰：「非禮勿視，非禮勿聽，非禮勿言，非禮勿動。」顏淵曰：「回雖不敏，請事斯語矣。」

朱熹注云「仁者，本心之全德」，然「禮者，天理之節文」，是仁者，自是本心之天理，蓋人苟能克制私欲，使事事合於天理之節文，以復於禮，則欲去、理全而爲仁矣！夫仁，原天下人心所同具，而禮卽具人類行止之準則，誠能一日之間，克去己欲而復於禮，則天下之人皆歸我以仁焉，其效固甚速而至大也。惟爲仁之機，皆由己克之復之，非他人所能與其力。他若「非禮勿視」四目，明示視、聽、言、動，胥惟「禮」是賴——視必以禮，一有非禮，卽禁止於心而勿視；聽必以禮，一有非禮，卽禁止於心而勿聽；言必以禮，一有非禮，卽禁止於心而勿言；動必以禮，一有非禮，卽禁止於心而勿動。夫「非禮」者，皆由己也。「勿」之者，皆「克」也。能克己復禮，而「仁」卽在是矣。是以諸德萃集之「仁」，亦莫不由「禮」而出，故曰「克己復禮爲仁」。

論語爲政篇：孟懿子問孝。子曰：「無違。」樊遲御，子告之曰：「孟孫問孝於我，我對曰『無違』。」樊遲曰：「何謂也？」子曰：「生，事之以禮。死，葬之以禮，祭之以禮。」

此章記孟懿子問孝道於孔子，夫子卽告以「無違」二字。所謂「無違」者，惟無違乎禮已。無違於禮，始可稱之爲孝，反之，未可謂之孝。儒家以孝總諸德，此與孟子盡心篇下云「動容周旋中禮者，盛德之至也」之言，實相駱靳。蓋「禮」者，導衆行日漸於盛德者也。

論語憲問篇：子路問成人。子曰：「若臧武仲之知，公綽之不欲，卞莊子之勇，冉求之藝；文之以禮樂，亦可以爲成人矣！」

「文」是加飾意，卽節之、和之也。「文之以禮樂」，卽節之以禮，和之以樂也。孔子說成人，必取此四子之所長，亦能節以禮、和以樂，去其偏矯之病，則渾然而材全，德備粹然。至此，則智不流於苛察，廉不失於矯厲，勇不役於血氣，藝不傷於便巧；不得以智、廉、勇、藝偏長目之，乃眞成其爲智、勇、廉、藝也。若此，則中正和樂，以爲成人，其亦可矣，否則猶不足以謂成人。此與泰伯篇「興於詩，立於禮，成於樂」，三者兼備，是學之成也，固異曲而同工矣。

論語衞靈公篇：子曰：「君子義以爲質，禮以行之，孫以出之，信以成之，君子哉！」

夫子以爲人之處事，難於盡善，惟君子必以義爲質，循禮而行，又能出之以謙遜，成之以誠信；若然，則制事之間盡善盡美，而無一之或苟，乃可謂君子！其中「禮以行之」，卽謂行必中禮之節文，無太過、不及之弊焉。蓋禮之爲用在「行」，否則，虛置俎豆儀文，何用之有？

論語先進篇：子曰：「先進於禮樂，野人也。後進於禮樂，君子也。如用之，則吾從先進。」

先民於禮樂，文質得宜，然世俗不明，反以爲「野人」；而後世於禮樂，文過其質，世俗反以爲「彬彬君子」（依程朱之說），故孔子乃喟然曰「如用之，則吾從先進」！蓋禮樂以得中爲貴，但世道旣殊，人之習尚亦異，彼聖人用禮樂而從先進，於理而言，不過「適中」而已矣！

論語學而篇：子貢曰：「貧而無諂，富而無驕，何如？」子曰：「可也。未若貧而樂，富而好禮者也。」

孔子以爲貧人不諂、富人不驕，是不溺於貧富之中，而知所自守，視世之驕諂者有異；其亦可也，然不諂猶知有貧，不若貧而樂，悠然自得，心廣體胖，併其貧而忘之；不驕猶知有富，不若富而好禮，事事遵禮以行，併其富而忘之。故安貧樂道、愛好禮義，乃我中華民族固有之懿德也。

論語八佾篇：子入太廟，每事問。或曰：「孰謂鄹人之子知禮乎？入太廟，每事問。」子聞之曰：「是禮也！」

禮以敬爲主，太廟之事嚴矣，凡禮器禮文之體，孔子固已知其然，惟不敢自謂已知；或恐有不知其所以然者；再，孔子之時，祭祀諸典亦未盡合禮；故每入太廟，因事以究其義則問，此「知之爲知之，不知爲不知」，乃昭禮之敬也。

戰國之世，諸子爭鳴，百家並興，邪說橫行，其力排各家之說，防衞先聖之道，以繼承孔子之業爲職志者，孟子也。雖然，孟子言性善，以知言養氣爲務，然其於人事之儀則，亦未嘗須臾離於「禮」也。

孟子萬章篇下：萬章問曰：「敢問交際何心也？」……曰：「其交也以道，其接也以禮，斯孔子受之矣。」

萬章問人之以禮儀幣帛相交接事，孟子總結以謂：其交也以道，而非出於無名；其接也以禮，而不失之苟簡；斯孔子受之矣，何以卻爲哉？此處「其接也以禮」者，謂接與之際合於儀文也；亦卽「禮」可規範相與接者之行也。

孟子告子篇下：陳子曰：「古之君子，何如則仕？」孟子曰：「所就三，所去三。迎之致敬以有禮，言將行其言也，則就之。禮貌未衰，言弗行也，則去之。其次：雖未行其言也，迎之致敬以有禮，則就之。禮貌衰，則去之。其下：朝不食，夕不食，飢餓不能出門戶，君聞之曰『吾大者不能行其道，又不能從其言也，使飢餓於我土地，吾恥之』。周之，亦可受也；免死而已矣。」

孟子答陳臻君子去就之道，朱注於「三就」言：第一等爲「見行可之仕」，第二等爲「際可之仕」，第三等爲「公養之仕」。其中言及「迎之致敬以有禮」者二，「迎」，接待也，非出迎之謂；「致敬」以心言；「有禮」以儀節言。是謂君子之去就迎送之際，必依儀節以行，不得有違於「禮」也。

孟子萬章篇下：曰：「敢問招虞人，何以？」曰：「以皮冠。庶人以旃，士以旂，大夫以旌。以大夫之招招虞人，虞人死不敢往；以士之招招庶人，庶人豈敢往哉？況乎以不賢人之招招賢人乎！欲見賢人而不以其道，猶欲其入而閉之門也。夫義，路也。禮，門也。惟君子能由是路，出入是門也。詩云『周道如厎，其直如矢，君子所履，小人所視』。」

孟子答萬章之問，言於禮，虞人固庶人，其招與大夫士固有等矣！惟君子能由義之路，出入禮之門；亦卽凡道其必繩之以禮，然後可以言義！觀小雅大東之詩，有云：周道之平如厎，其直如矢，君子所履以爲行，小人所視以爲法。夫如厎如矢，可以見義路焉；所履所視，可以見君子之能由是路焉；而出入是門者可類推矣。

孟子離婁篇下：孟子曰：「君子所以異於人者，以其存心也。君子以仁存心，以禮存心。仁者愛人，有禮者敬人。愛人者，人恆愛之；敬人者，人恆敬之。……非仁無爲也，非禮無行也，如有一朝之患，則君子不患矣。」

均是人也，而君子獨卓然不羣者，以其存心不同也。其始也，仁以待人，禮以律己，故能以仁存心而不忘，如造次顛沛必於是也；亦能以禮存心而不忘，如視聽言動必以禮也。其後以惻隱之仁存心、以辭讓之禮存心，而仁禮之德既有根心之實，則自有及物之徵，所以仁者博愛之施，必然愛人；有禮者謙著於外，必然敬人。夫愛、敬既盡於己，則德意自感於人，凡愛人者，則人亦恆愛之；敬人者，則人亦恆敬之。他若君子以仁存心、以禮存心，故非仁之事無爲也、非禮之事無行也，此卽「非仁無爲」「非禮無行」之謂也。

孟子離婁篇上：「事君無義，進退無禮，言則非先王之道者，猶沓沓也。」

事君之際，但以逢迎爲事，而無匡救之義；進退之間，但以承順爲恭，而無持身之禮；告君之言，則詆毀先王之道，而以仁政爲不足行；此正泄泄之意也，爲人臣者當知所戒矣。其中「進退無禮」者，謂出處進退不仗「禮」之儀文也。是禮之可規範人事儀則，又一確證。

荀子以禮爲治事之樞機，論人之標準，非徒具虛文之禮制，玆取荀子書中言論，作一簡說：

荀子致士篇：「川淵深而魚鼈歸之，山林茂而禽獸歸之，刑政平而百姓歸之，禮義備而君子歸之。故禮及身而行脩，義及國而政明，能以禮義（依顧千里校加一「義」字）挾而貴名白，天下願，令行禁止，王者之事畢矣。」

川淵深，而魚鼈皆歸之；山林茂，而禽獸皆歸之；刑政平，而百姓皆歸之；禮義備，而君子歸之。故禮周徧於身，則行爲修正；義周徧於國，則爲治清明；苟能以禮義徧挾於天下，則名聲顯白，天下之人引領仰望，如此則令行禁止，王者之事畢矣！

荀子致士篇：「程者，物之準也；禮者，節之準也。程以立數，禮以定倫；德以敘位，能以授官。」

雖然，禮之名起於事神，引申爲凡禮儀之稱，因人之情而爲之節文者也，故曰「禮者，節之準也」。質言之，內而個人之修養，外而使社會人羣各得其安定之分，悉爲禮之份內事，禮又足爲長幼尊卑之準，故曰「禮以定倫」。

荀子修身篇：「凡治氣養心之術，莫徑由禮，莫要得師，莫神一好。夫是之謂治氣養心之術也。……禮者，所以正身也；師者，所以正禮也。無禮何以正身，無師吾安知禮之爲是也。禮然而然，則是情安禮也；師云而云，則是知若師也。情安禮，知若師，則是聖人也。故非禮，是無法也；非師，是無師也。」

夫人含天地陰陽之氣，有喜怒哀樂之情，天稟其性而不能節也，聖人能爲之節而不能絕也，故象天地而制禮儀，所以通神明、立人倫、正情性、節萬事者也，凡人之治氣養心，其道莫捷於由禮而行，故曰「禮者，所以正身也」。荀子論禮，以「禮」已成人人生活之規範、出入之門徑，禮有常典，法有常防，令人不得違禮踰矩，其以規範治民，不遜於法，故曰「非禮，是無法也」。

荀子君道篇：「故古之人爲之不然：其取人有道，其用人有法。取人之道，參之以禮。用人之法，禁之以等。行義（依梁啟雄讀爲「儀」）動靜，度之以禮；知慮取舍，稽之以成；日月積久，校之以功。」

「行儀動靜，度之以禮」，則駑駿立辨；賢愚立決。故選取人才，必驗之以禮而後可。

荀子非相篇：「人之所以爲人者，何已也？曰：以其有辨也。……然則人之所以爲人者，非特以二足而無毛也，以其有辨也。今夫狌狌形相，亦二足而無毛也。然而君子啜其羹，食其胾。故人之所以爲人者，非特以其二足而無毛也，以其有辨也。夫禽獸有父子而無父子之親，有牝牡而無男女之別。故人道莫不有辨，辨莫大於分，分莫大於禮。」

人之所以爲人、所以異於禽獸者，在荀子，則以爲辨也、分也、禮也。辨者，父子之親，夫婦之別。分者，長幼親疏尊卑之分。禮者，「以近知遠，以一知萬，以微知明」（註九）之法。

荀子禮論篇：「凡禮：事生，飾歡也。送死，飾哀也。祭祀，飾敬也。師旅，飾威也。是百王之所同，古今之所一也，未有知其所由來者也。」

事生、送死、祭祀、師旅是文，歡、哀、敬、威是情。飾歡、飾哀、飾敬、飾威是以文飾情。論語爲政篇載孔子答樊遲問「無違」之旨，云「生，事之以禮；死，葬之以禮，祭之以禮」者，謂人子之於父母，生前之奉養，死後之喪葬、祭祀，皆不可違於儀文。與荀子之言，如出一轍。據是而論，禮者又用以爲文以飾人情者也。

荀子榮辱篇：「夫貴爲天子，富有天下，是人情之所同欲也。然則從人之欲，則埶不能容，物不能贍也，故先王案爲之制禮義以分之，使有貴賤之等，長幼之差，知愚能不能之分，皆使人載其事而各得其宜，……是夫羣居和一之道也。」

凡人之生，羣居雜處，必有經紀以相交接；其始也，設升降揖讓之儀，以順人情；及其久也，制爲禮義，以囿人情，使之貴賤有等，長幼有差，智愚、賢與不肖，各有其分，爾後使人各有所事，事與其人各有所宜。是言禮乃社會羣居和一之道也！

荀子言禮，所謂「禮者，所以正身也」、「禮及身而行脩」、「凡治氣養心之術，莫徑由禮」、「禮者，節之準也」、「行儀動靜，度之以禮」、「取人之道，參之以禮」云云，是則人之正身動靜、養生安樂，由禮則通，和節而雅。由內而外，人事之儀則，莫不皆然，故曰「非禮，是無法也」。

第四節　結　語

戰國之季，天下之勢，既由分而寖合，百家之學，亦由裂而寖一。一之爲誰？荀卿是也。荀子於儒，蓋至卓也。匪特此也，且直以爲法孔子者也。孔子之道，以仁爲本，然未嘗不言義崇禮，特以「仁」爲尤重耳！

四庫全書總目提要云：「況之著書，主於明周孔之教，崇禮而勸學。」

王先謙荀子集解序云：「荀子論學、論治，皆以禮爲宗，反復推詳，務明其指趣，爲千古脩道立教所莫能外。」

江瑔讀子卮言亦云：「荀子尤善於禮，故其書有禮論篇。」

是則荀子所傳者，「禮」而已矣！孔子道歸於爲仁，仁本於復禮，而荀子儒效篇乃曰：「先王之道，仁之隆也，比中而行之。曷謂中？曰：禮義是也。」亦以禮義之中，仁之隆矣，重言人道，歸本禮義，折衷聖王，斯固所謂一隆一道已。然則其所謂人道者禮，其所同乎孔孟，而異乎百家者，亦禮而已矣！徒以荀子以性爲惡，故其論禮之所由起，曰：「禮起於何也？曰：人生而有欲，欲而不得，則不能無求，求而無度量分界，則不能不爭。爭則亂，亂則窮。先王惡其亂也，故制禮義以分之，以養人之欲，給人之求。使欲必不窮乎物，物必不屈於欲，兩者相持而長：是禮之所起也。故禮者，養也。」（註一〇）禮固所以養人之欲，給人之求；救災止亂而爲之度量分界。故曰：禮者，分也、養也，彼蓋自欲言之也。

至於孟子，其稱仁義，亦莫不準諸禮也，若萬章篇下記答萬章問招虞人，則云「義，路也；禮，門也」；滕文公篇下載答周霄論仕出處，亦以禮爲宗。蓋戰國之際，諸侯並峙，需材孔亟，諸子百家，繼軌並作，喧靡一時，然皆譁世惑衆之徒，適足以助長禍亂而已，惟獨孟子私淑孔子，卓然成家，爍耀千古。其說固以義輔仁，然亦未嘗不言禮也，蓋義與禮皆爲君子處世之所踐履者（註一一）。覆案論語一書，孔子暢言「仁」之外，偶有「禮」「義」並舉（未有「禮義」連言爲一詞）者，於「仁」「義」二字，迄無並舉或連言者；至於孟子，非惟「禮」「義」並舉、「禮義」連言，且已「仁」「義」兼言之矣（註一二）；此固二聖之思想微有不同者也。孔子生當春秋，時未大亂，人未盡澆，誘導使仁，卽能收效於一二。逮乎孟子，喪亂已極，人心益詐，純恃誘導，不克有功，故不得不輔之以含有限制性之「禮」「義」，加以嚴厲督責，使之漸趨於「仁」焉，故孟子一書之大旨，仍以「仁」爲重，「義」「禮」「智」但因四端而並爲之耳。

論語學而篇：有子曰：「禮之用，和爲貴；先王之道，斯爲美，小大由之。有所不行，知和而和，不以禮節之，亦不可行也。」

禮記檀弓下記子游之言曰：「人喜則斯陶，陶斯咏，咏斯猶，猶斯舞，舞斯蹈矣！人悲則斯慍，慍斯戚，戚斯嘆，嘆斯辟，辟斯踊矣！品節斯，斯謂禮。」（註一三）

是孔孟言禮，其用在和，其行在節，彼固自情言之也。自情言之，則曰「節」曰「和」；自欲言之，則曰「分」曰「養」，玆其辨已。然則荀子之倡性惡，較貧富、分貴賤、稱長幼、別君道、統倫類、論脩政、議攻戰，莫不繩之以禮而後已！其於聖門，卒不能無異者何？曰：孔孟未嘗不言禮，特不若荀子之隆禮而已。王夢鷗先生有云：「荀子之言禮，大不同於孔子之言禮也。荀子言禮具體而切實，其所含强制之性質，殆近於『法』，不徒爲個人頤情養性之所依傍者也。所以然者，潮流激盪，時代精神使之然耳。」（註一四）旨哉言乎！

荀子一書，有專論「禮」之「禮論篇」，而論語孟子二書亦屢言及「禮」，據統計所得：論語書中，「禮」字出現，計七十有五；孟子書中，「禮」字出現凡六十有七；而荀子一書，「禮」字出現高達三百四十有二，其詳如下：

書名	篇名	次數
論語	學而	四
	爲政	六
	八佾	十五
	里仁	三
	公冶長	無
	雍也	一
	述而	五
	泰伯	五
	子罕	三
	鄉黨	一
	先進	四
	顏淵	八
	子路	三
	憲問	二
	衛靈公	二
	季氏	七
	陽貨	五
	微子	無
	子張	無
	堯曰	一
	全書二十篇，合計出現七十五次數。	
孟子	梁惠王上	一
	梁惠王下	一
	公孫丑上	三
	公孫丑下	二
	滕文公上	五
	滕文公下	三
	離婁上	八
	離婁下	十二
	萬章上	一
	萬章下	七
	告子上	三
	告子下	十四
	盡心上	四
	盡心下	三
	全書七篇，合計出現六十七次數。	
荀子	勸學	十二
	修身	廿三
	不苟	八
	榮辱	四
	非相	五
	非十二子	五
	仲尼	無
	儒效	十二
	王制	十三
	富國	十三
	王霸	十六
	君道	十六
	臣道	三
	致士	五
	議兵	十
	彊國	十
	天論	七
	正論	二
	禮論	四六
	樂論	十
	解蔽	一
	正名	二
	性惡	四三
	君子	一
	成相	二
	賦篇	四
	大略	五七
	宥坐	無
	子道	七
	法行	二
	哀公	一
	堯問	二
	全書三十二篇，合計出現三百四十二次數。	

由此，足見孔孟非不言禮，特不隆禮而已！蓋孔仁孟義，迨荀子出，而枸木檃栝之訓，陶人埏埴之喻，莫不依之於禮，至此禮之於孔門赫然復旦！蓋自周衰，王官失守，百家九流，應時並起，荀子之出，爲時較後，又嘗遊學於齊，觀稷下之風，其學涵濡者博，而與諸家相反相成者亦衆，故其言禮之道，於儒家最爲詳備。

【附註】

註一：見論語衛靈公篇。
註二：見荀子性惡篇。
註三：見荀子禮論篇。
註四：見馬總意林所引。
註五：見荀子非十二子篇。
註六：見荀子勸學篇。
註七：見荀子修身篇。
註八：見荀子非十二子篇。
註九：見荀子非相篇。
註一〇：見荀子禮論篇。
註一一：詳見本書第二章第二節「孟子之禮論」。
註一二：詳見本書第二章第一節「孔子之禮論」及第二節「孟子之禮論」。
註一三：此文舊不可讀，今依孫氏說校正。
註一四：見正中書局排印本「大小戴記選註」之「導言」，頁十八。

第四章　孔孟荀禮學之承傳及其影響

第一節　原始儒家禮學之承傳與互饋

原始儒家以德性化自然觀之「禮」（註一），相應於德性化心靈觀之「禮」（註二），溯自源頭，乃自宗教意識之形上義蘊而向外悟出於人本主義之形下法式。析而言之，禮之「國家法制義」、「社會規律義」、「宗族倫常義」、「行爲準則義」等，其源於「禮」之「自然秩序義」者，有清晰之歷史演進軌跡，而關係「道統承傳」者，亦至爲重要。「周禮」本於堯舜禹湯遺緒而光大之，儒學丕承此一傳統，察古今之道，立天地之極，涵蓋面極大之「禮學」體系，漸次形成；其兼容天人於內聖外王之禮學，均貫穿於人倫型範之同一精神脈絡中，此秦漢以次之各家思想，其岐出衍生之「禮學」旨趣，莫不宗之。

禮記一書，「考前代之憲章，參當時之得失」（註三），如不拘於疑古派之論爭，應可肯定爲孔門究明「禮學」之彙編，當可斷言。孔穎達謂其「上自游夏之初，下終秦漢之際」（註四），其說可資徵信，久爲不爭之實。本此以探「明乎天地，然後能興禮樂也」（註五），「禮樂偩天地之情」（註六），均可於「禮」之遙契「自然秩序義」而得其精要之客觀論證也。至於「天秩」、「天心」、「天命」諸說，「與天地合其德，與日月合其明」（註七）之渾化二元矛盾及其默運悟解，亦可據此而探得儒家「宇宙情操」之驪珠也。筆者本此以略論禮學「承上啟下」之源流，確有再次總標其綱之深意在，明此端緒，則原始儒家「禮學」之影響，當可粗得其承傳之發展線索而據以論述之也。

人性有本然善端之精義，其透顯於六經之學理主張者，所在常見。孔門傳論語易庸之學，及傳詩書禮樂春秋者，各有所宗心法，同門攻異者有之，自識其大而個別承傳者有之，如孟子燃亮心學爝火，自四端以論辭讓之「禮」，乃發端於人性之微，謂爲拓廣「禮」之思想領域可也，謂爲孔子罕言心性而遽斷孔孟迥異其趣則不可也，孔學既有上學「承傳」之別，則自心性以述「禮」者，應可別詳其類以論之，孔孟繼周文化以闡揚其學說，其「啟下」之大本當據此以探究「禮」之根源義，早期姬周隨軍事行動而衆建諸侯，「周禮」輻射於政治、社會及宗教者，有極大之廣被性，其「禮樂網」乃自形下法式完成之，因而「禮學」包容之「國家法制義」、「宗族倫常義」等，其形上義謂爲周公據「禮」予以精神肯定，殆無不當，而理論體系之臻於完善，尤其據人倫型範所衍化之孝慈觀念以弘「禮」之大道，則有待於同其歸趨之孔孟也。抑有進者，儒家自人性本然善端以論「禮」之體用，其匡濟時弊之淑世襟懷，至此已略晦原有之宗教意識，而着力於實踐哲學之思考方向，其超越「周禮」之形下範疇，據此應可推定之。迄荀子出，其「隆禮論」之內涵，既晦「自然秩序義」之「禮」，亦晦「宗教祀神義」之「禮」，自「師」「習」之化而向外悟出於萬彙畢陳之境，雖本於負面心性立論，實乃同門互饋，且有互爲攻異之所趨，亦理所固然之勢也。

孔孟內聖功夫，植基於德性人格之默化，而達人立人之「外王企向」亦植基於此，「禮」爲鎔鑄內聖外王之集體概念之一，識者多矣，論語闡釋恭、愼、勇、直而繫之以「禮」。類此著例，前已備擧之。孔子禮治主義，自透顯心靈而投注外在之政制法度，乃主體精神之實踐證悟，乃致力於拯救「周禮」衰微及道德價值混淆之蔽，其合內外而趨於冥同道器者，昭然若揭。孟子繼述而融「心、性、天」於一體，其矚目戰國民族生命有「物化傾向」而期以深化禮學層次者，當爲學術思想向上昇華之勝境。故前乎此之「仁智雙修」既不可須臾離「禮」，而後乎此之「仁義對顯」亦不可須臾離「禮」；就「禮」之普遍意義及形上之終極銓釋而言，均見其傳承之嚴密接筍處，亦可究明孔孟德慧生命之所以永恆不朽而炳耀百代之因也。

荀學之崇禮系統，其思辨理則，乃自篤實之邏輯心靈所形成，其指向功利範疇者多，而涵泳於人性道德根源者少，謂爲接近西哲之「尙智主義」，應屬能近取譬之說，儒家禮學之大成，至斯結出更新慧果，且廣涵實在界觀念界之大道而冶於一爐，荀子常以經驗論析「禮」，倡「人道莫不有辨，辨莫大於分」（註八），禮學在「辨」「分」之析解中，其承傳周孔者確有勝義，而深切了悟孟子則未也，其據師法之化以論積善之習者（註九），則趨於「負面人性」而一往不返矣。就「禮」之「自然秩序義」而言，宇宙規律感啟發儒家「與天地合其德，與日月合其明」之契悟，並以之客觀化於現實之政治組織，此乃「禮學」落實人文思想之重要轉化歷程；其「根」既內在於前述本然之德性化心靈觀，且必直透於道德主體之「正面人性」；惟其如此，禮之「根源義」始有超越安頓之處，而荀子承孔孟所傳述者則「晦」於此端，其彰顯於功利境界之客觀精神，其力主「法後王」而浸潤於治人治事之「隆禮論」，一落至刻薄如李斯者之手，則原始儒家禮學之精神風貌丕變矣，此非荀子尚智之篤實心靈始料所能及，而禮變法之時代因素，涵攝寬廣，尤不可執「一偏」之見以論荀子也。

禮之哲慧，本顯現於人類理性澄澈處，其極致之境，乃德輝所映者能感化之，理念關注所及者有神奇功能，此卽「君子所過者化，所存者神」（註一〇）之信念肯定，而儒家所謂「王者之民皞皞如也」（註一一）亦本乎此。唐虞之世，年湮代遠，「能以禮讓爲國」之堯舜，烙印於上古之華族意識中。儒家「宗周」取其詳，「祖述堯舜」取其略，此法古崇禮之心態取向，世人均能道之。祀先乃「宗廟之禮」，事天乃「郊社之禮」（註一二），此卽以「禮」爲人性神性之遙契精神紐帶也，孔子謂武王周公之達孝，乃「善繼人之志，善述人之事者也」（註一三），此爲「以禮範事」、「以仁歸心」、「以孝治天下」之偉大創意，其影響於千代萬世之禮學思想者，非本篇所能罄述也，筆者於前舉之「德性自然觀」時，有「相應」之說，於「禮」之「自然秩序義」上有「略晦」之說，就「惟天爲大，惟堯則之」（註一四）而言，孔子企仰文明初軔期之「禮讓爲國」，乃自文化反省所引發之弘道意識，而滙歸於無涯岸無限界之絕對精神，孔子謂堯帝「則」天，乃以宇宙之「禮」相應於聖王之「德性心靈觀」，

「相應」之義本乎此，而荀子倡「天行有常，不爲堯存，不爲桀亡」（註一五），其上達者乃自然之天道思想，其下學者乃執著於人性之「生物層」而立論，因此倡「化性起僞」說（註一六），倡「隆禮義而殺詩書」（註一七），上舉「略晦」之義卽本乎此；而荀子以「智」識心之顯，從而疏離孔孟道德根源者亦在此。但就「殺人盈野，殺人盈城」之戰國悲劇而言，荀子承儒家之緒而傳述孔孟外在於形下法式之禮學，其救敝之心，其崇禮衍而爲法之歸趨，亦向上向善之踐履使然也。

西周以降，吾國「家族社會」之原始基型組織，有歷久不墜之綿延性，自家族擴大至宗族、國族，藉嚴密之血緣紐帶，始凝固而成廣包八表之宗邦。家族社會之盤根錯節，宗法精神之深植人心，究其源頭，乃上古「禮制」得以奠其初基，經久鎔鑄提升「禮」成爲「序上下，正人道」（註一八）之大經大法。凡此上舉各章，均論述綦詳，謂爲形下法式者卽基於此。晚周怠禮失政，而「爲政不以禮」（註一九）之偏趨，漸使政治及社會制度步向全面潰崩之邊緣，諸子不乏倡刑名爲救世良針者，如愼到言「骨肉可刑，親戚可滅，至法不可闕也」（註二〇）、管仲言「非斧鉞無以畏衆，非祿賞無以勸民」（註二一）。愼到管仲之見，就其相對於「禮治」之道德主體言，其有止亂匡時之積極效用，概可想見。蓋「禮治」主義之理論架構，筆者曾就國家法制及社會功能言其略要，其重要支柱之一，厥爲建立親疏、長幼、尊卑之「等差觀念」，此觀念裨益於敦教化、厚人倫之功，亦上古宗法社會之特定歷史條件使然，此夙爲學界所週知者。「無分者，人之大害也；有分者，天下之大利也」（註二二），荀子處僭越紛乘之劇變時代，視「賤用貴禮，卑用尊禮」爲天下之「大害」，乃理所固然。而禮樂崩毀之際，其學說亦見及「禮」「法」二者之史源關係，遂發爲「聖人化性而起僞，僞起而生禮義，禮義生而制法度」（註二三），此見同於管子之「法出于禮」（註二四）；至爲彰顯。荀況王制篇有謂「無德不貴，無能不官，無功不賞，無罪不罰」，其傾向於禮法並重者，由此可以覘知一端。究其實，儒家所力倡之「崇禮」「明分」等倫常規範，此時已式微至極。禮之始也以祭，禮之變也以政，吾人據「禮有五經，莫重於祭」（註二五）以論，可知禮自抽象之宗教理念及道德原則，再歸於現實政治，迄春秋漸次失去其固有之强大肆應力。此亦社會發展史之常態，殊不必竟認爲怪異現象也。「先王懸權衡，立尺寸，而至今法之，其分明也」（註二六），商君所謂之「分」，並非儒家之「定分」內涵，而韓非之學，乃荀門所從出，其深究「抽象定分說」而洞燭其「治亂世」之脆弱處，於是有所謂「刑過不避大臣」（註二七）之說，此與商君書賞刑篇所謂「忠臣孝子有過，必以其數斷；守法守職之吏，有不行王法者，罪死不赦，刑及三族」，如出一轍。論者或可據此謂韓非有違儒家之尚禮觀，然就「法」以濟「禮」之窮而論之，韓非從定分引伸至「法不阿貴，繩不撓曲」（註二八），正是維護社會秩序及道德秩序之進步思想。李斯輔秦以峻法鞭笞天下，實非融法於禮之稷下諸生始料所及。孔學一變至此，孟荀以下繼起儒家說禮，其歧出論述者更繁多而不能備舉矣。

【附　註】

註　一：禮記樂記篇：「禮者，天地之序也。」

註　二：論語顏淵篇：子曰：「克己復禮爲仁。」
註　三：見孔穎達禮記正義序。
註　四：同（註三）。
註　五：見禮記樂記篇。
註　六：同（註五）。
註　七：見易經乾卦。
註　八：見荀子非『禮』篇。
註　九：見荀子性惡篇。
註一〇：見孟子盡心篇上。
註一一：同（註一〇）。
註一二：禮記中庸篇：「郊社之禮，所以事上帝也；宗廟之禮，所以祀乎其先也。」
註一三：見禮記中庸篇。
註一四：孟子滕文公篇上：「孔子曰：『大哉！堯之爲君！惟天爲大，惟堯則之。蕩蕩乎，民無能名焉！』」
註一五：見荀子天論篇。
註一六：詳見荀子性惡篇。
註一七：見荀子儒效篇。
註一八：見白虎通德論卷二禮樂篇。
註一九：見荀子大略篇。
註二〇：見愼子逸文。
註二一：見管子版法解篇。

註二二：見荀子富國篇。
註二三：見荀子性惡篇。
註二四：見管子樞言篇。
註二五：見禮記祭統篇。
註二六：見商君書修權篇。
註二七：見韓非子有度篇。
註二八：同（註二七）。

第二節　荀子禮學對後世之影響

甲、「崇禮」「行爲」「尚法」

漢世之所謂齊學，主「先疏後親，先義後仁」之說，與魯學之「先內後外，先仁後義」（註一），大異其趣。荀子主性惡，以善爲外至，故曰「凡禮義者，是生於聖人之僞，非故生於人之性也。……聖人化性而起僞，僞起而生禮義。……苟無之中者，必求於外，……今人之性，固無禮義，故彊學而求有之也。性不知禮義，故思慮而求知之也」（註二）。因善爲外至，而必求於外。荀子性惡篇又云：

「不可學，不可事之在天者，謂之性；可學而能，可事而成之在人者謂之僞。」僞者，人爲也。所謂「學而能」「事而成」者，亦卽齊學之所謂「外至」、管子戒篇所謂「義由外作」者也。

齊學乃以齊國稱霸之史實，及助桓公成霸業之管仲思想爲重心者也。

班固漢書卷二十八下、地理志第八下：「太公以齊地負海舄鹵，少五穀而人民寡，乃勸以女工之業，通魚鹽之利，而人物輻湊。後十四世，桓公用管仲，設輕重以富國，合諸侯成伯（霸）功。」可見太公治齊，管仲助桓公成霸業，其主要目標均在「富國」。荀子之書，有「富國」「王霸」「彊國」等篇，亦多言尙功强國之事。吾人雖不能據以逕曰齊學爲荀學之淵源，然荀子浸漬齊學之深，當可斷言矣！王夢鷗師於「禮記思想體系試探」文中，以爲「荀子禮論，蓋爲魯學者禮說的總集」，當可說明荀子與魯學之關係，但據以推論荀子之學，未染於齊學，不可也。

司馬遷史記卷七十四孟荀列傳：「荀卿，趙人。（索隱：名況。）年五十，始來游學於齊。田駢之屬皆已死，齊襄王時，而荀卿最爲老師。齊尙脩列大夫之缺，而荀卿三爲祭酒焉。……荀卿嫉濁世之政，亡國亂君相屬，不遂大道，而營於巫祝，信禨祥；鄙儒小拘如莊周等，又滑稽亂俗。於是推儒、墨、道德之行事興壞，序列著數萬言而卒。」

漢應劭風俗通義卷七窮通篇：「孫況，齊威宣王之時，聚天下賢士於稷下。……是時，孫卿有秀才，年十五，始來遊學。諸子之事，皆以爲非先王之法也。孫卿善爲詩、禮、易、春秋，至襄王時而孫卿最爲老師。齊尙循列大夫之缺，而孫卿三爲祭酒焉。」

荀子游學稷下，以齒德俱尊，三爲祭酒，其感染齊學，自不待言。

管子爲法家代表。據前所言，荀學既受齊學之薰陶，其受管子之影響，自亦不免。荀卿雖爲儒家一派宗師，考其實質，似已具濃厚之法學色彩矣。

荀子君道篇：「法者，治之端也。」

荀子正論篇：「刑稱罪則治，不稱罪則亂。故治則刑重，亂則刑輕。」

荀子修身篇：「好法而行，士也。」

荀子修身篇：「人無法則倀倀然。」

法爲正人之具。正人於事後，藉法可收嚇阻之效。須知，荀子之所謂法，實包含於禮之中。禮之範圍，較法爲廣。荀子之學，以禮爲中心，因倡禮治之說。

荀子修身篇：「非禮，是無法也。」

荀子勸學篇：「禮者，法之大分。」

荀子修身篇：「學也者，禮法也。」

是則，禮與法相倚相參至明矣。清王先謙於修身篇「好法而行」句下亦注云：「法卽禮也。」如是，則「禮」與「法」，又渾然不分，異稱而無別矣。故梁任公先秦政治思想史乃云：「荀子所謂禮，與當時法家所謂法者，其性質實極相逼近。」（註　三）蓋荀子承儒家之敝，人心姦險，天下喪亂，知儒家言仁義，純恃誘導，不足以息姦寧亂，故特倡「禮」以節欲、給求、止爭、定亂、濟窮，其作用實與法家所謂「法」，極相接近。唐楊倞爲荀子注家第一人，其於「法行」篇目下注云：「禮義謂之法。」對荀子之所謂「法」，有進一層之詮釋。荀子書中，常以「禮義」並稱。「禮」者，本也；而「義」者，行禮而得其宜者之謂也。單言「禮」、單言「義」，複言「禮義」，其意或均相近。由是可知，荀子之所謂「法」，非後世法家之所謂「法」，實儒家之所謂「禮」、所謂「義」、所謂「禮義」也。

以上所云，均係就荀學觀點而言，若就一般立場分析，吾人不難發現，「禮」「法」之間，實又有若干明顯差異存焉。

大戴禮記禮察篇：「禮者，禁於將然之前；而法者，禁於已然之後。是故法之用易見，而禮之所爲生難知也。若夫慶賞以勸善，刑罰以懲惡，先王執此之正，堅如金石，行此之信，順如四時；處此之功，無私如天地爾，豈顧不用哉？然如曰禮云禮云，貴絕惡於未萌、而起信於微眇，使民日從善遠罪而不自知也。」

蓋禮與法，形式上皆經國大法，爲人民共守之準則，但實質上固有其差異在焉。據吾人所瞭解，禮重約束，而法重制裁；禮或可隱晦，而法必須顯著；禮禁於未然之前，而法禁於已然之後；此禮與法之大分也。如欲人之「從善遠罪」，化民成俗，則須倡行禮治；如欲禁人爲惡，則須假法令刑罪之屬，待其顯見而後勸阻懲遏之。

李斯，楚上蔡人，年少時，爲郡小吏，掌鄉文書。旋從荀卿游，學帝王術。學成，辭師西入秦。會因韓人間秦，宗室大臣議奏逐客。李斯因在逐中，乃上書言諫。秦王除逐客令，復李斯官，用其計謀。後官至廷尉。二十餘年，秦竟幷天下。主尊爲皇帝，斯任爲丞相。夷郡縣城，並銷其兵刃，示不復用。又不立子弟爲王，功臣爲諸侯，因無尺土之封，而無戰攻之患。始皇三十四年，曾上書始皇焚書：

史記卷八十七李斯列傳：「古者天下散亂，莫能相一，是以諸侯並作，語皆道古以害今，飾虛言以亂實，人善其所私學，以非上所建立。今陛下幷有天下，別白黑而定一尊；而私學乃相與非法敎之制，聞令下，卽各以其私學議之，入則心非，出則巷議，非主以爲名，異趣以爲高，率羣下以造謗。如此不禁，則主勢降乎上，黨與成乎下。禁之便。臣請諸有文學詩書百家語者，蠲除去之。令到滿三十日弗去，黥爲城旦。所不去者，醫藥卜筮種樹之書。若有欲學者，以吏爲師。」

其說始皇焚詩書也，一則曰：今皇帝「幷有天下，別黑白而定一尊」，人不得異其學也。再則曰：私學「相與非法敎之制」，如弗加禁，則「主勢降乎上，黨與成乎下」。李斯之所以請焚詩書者，其用，主乎禁下之議令；其道，要在別黑白而定一尊。始皇可其議，收去詩書百家之語，以愚百姓，使天下之人，不能以古非今。

李斯又撰蒼頡篇，推行同文工作。是年，秦皇明法度，定律令。治離宮別館，周徧天下。明年，更巡狩天下，外攘四夷。始皇時，李斯位爲丞相，大權在握，一切詔令、表奏、碑刻，莫不出其手。凡始皇之種種設施，李斯皆有力焉。

迨秦二世時，章邯破逐吳廣兵，使者覆案三川相屬，誚讓李斯以身居三公之位，何令盜如此。李斯重爵祿，心恐懼，乃阿二世，上書勸督責。

秦自孝公用商鞅，行變法，彊盛之基始立。迨乎秦王政，得李斯之輔，終能兼併六國，統一天下。商鞅李斯二人，皆法家之流，固可斷言，秦國覇彊之業，法家之成也。始皇之一統大業，行專制、行法律，法家之用，當爲其重要因素。始皇之廢封建，行郡縣；黜百家，焚詩書，書同文，車同軌；凡諸設施，皆出李斯之手，其擬議、策劃、執行之功，不可沒也。據史記孟荀列傳「李斯嘗爲（荀卿）弟子」；史記韓非列傳「李斯……事荀卿」；以及史記本傳記李斯「從荀卿學帝王之術。學已成，度楚王不足事，而六國皆弱，無可爲建功者，欲西入秦」；行前，曾辭別其師，暢陳其志。可見師生之情，至爲親密。自李斯入秦後之作爲，以及史記中可考之言論，不難窺見與其師荀卿之著述思想，有其淵源。

荀子仲尼篇：「持寵處位，終身不厭之術，……求善處大重，理任大事，擅寵於萬乘之國，必無後患之術，莫若好同之，援賢博施，除怨而無妨害人。耐任之，則愼行此道也；而（如）不耐任，且恐失寵，則莫若早同之，推賢讓能，而安隨其後。如是，有寵則必榮，失寵則必無罪。是事君者之寶而必無後患之術也。」

荀子臣道篇：「事暴君者，有補削無撟拂。迫脅於亂時，窮居於暴國，而無所避之，則崇其美，揚其善，違其惡，隱其敗，言其所長，不稱其所短，以爲成俗。」

綜觀上引文字，可知保持榮寵、久處其位之方，莫若好與人同，廣施博捨，除舊怨而無害人；推賢讓能，求自安而隨其後，自將有寵必榮，失寵必無罪也。事奉暴君者，須補其缺失，而不必矯正其違拂。處於亂世，居於暴國，可推崇其優點，頌贊其善處，隱諱其惡事，藏匿其敗壞，稱其所長，而不必言其短也。

史記卷八十七李斯列傳：「久處卑賤之位，困苦之地，非世而惡利，自託於無爲，此非士之情也。」

此李斯辭其師荀卿時所述之語也。入秦以後，將不固執己見，亦不採有所不爲之行，止求一心事君。其逐利求榮之情，不覺已溢於辭矣。此種以臣事君，終身不厭之術，源出於荀子無疑也。

史記李斯列傳督責書：「是以明君獨斷，故權不在臣也。然後能滅仁義之塗，掩馳說之口，困烈士之行，塞聰揜明，內獨視聽，故外不可傾以仁義烈士之行，而內不可奪以諫說忿爭之辯。故能犖然獨行恣睢之心而莫之敢逆。」

自上項引文，可知秦世之獨斷專行，毀滅仁義，堵塞民口，掩滅爭辯，以求巍然獨尊，以遂窮奢極慾之志，李斯倡議、助虐之力，不可輕忽也。李斯此一思想，於荀子書中，自可循其線索。

韓非，韓之諸公子也。喜刑名法術之學，而歸本於黃老。爲人口吃，不能道說，而善著書。與李斯俱事荀卿，斯自以爲不及。韓非數以書諫韓王，韓王不能用。迨秦急攻韓，韓王乃遣非使秦。秦王悅之，未信用，且爲李斯、姚賈所害，死獄中。依史記本傳，始皇見韓非孤憤五蠹之書，有「得與之游，死不恨矣」之歎；復據史記秦始皇本紀，秦二世責李斯，曾有「吾聞之韓子曰」云云。是知始皇父子，皆雅信韓非，故韓非之言論影響於秦政者，自不待言。荀子欲以「禮」定分止爭，以臻平治之正途，以爲建國之權稱；而其言「禮」，在「以禮化性」。其徒韓非，乃「以禮制性」。荀子以「禮」節欲、制欲；韓非則以「法」爲賞罰之具。惟自根本觀之，固無甚差異也。

荀子性惡篇：「凡論者，貴其有辨合，有符驗。故坐而言之，起而可設，張而可施行。今孟子曰人之性善，無辨合符驗；坐而言之，起而不可設，張而不可施行。豈不過甚矣哉！」

荀子之所謂「辨合」，據楊倞注，辨者，別也，別之爲兩，兩家各執其一，是以非合不能辨其眞僞、辨其良窳，故稱「辨合」。所謂「符驗」，據楊倞注，符以竹爲之，亦相合之物，故稱「符驗」。因是荀子曰：凡論者於「坐而言之」之後，必須「起而可設，張而可施行」。起設、張行，即荀子之所謂「辨合」「符驗」之工也。

韓非子顯學篇：「孔子墨子俱道堯舜，而取舍不同，皆自謂眞堯舜，堯舜不復生，將誰使定儒墨之誠乎？……無參驗而必之者，愚也；弗能必而據之者，誣也；故明據先王，必定堯舜者，非愚則誣也。」

韓非子姦劫弒臣篇：「人主誠明於聖人之術，而不苟於世俗之言，循名實而定是非，因參驗而審言辭。」

韓非子亡徵篇：「聽以爵不待參驗，用一人爲門戶者，可亡也。」

韓非子孤憤篇：「今人主不合參驗而行誅，不待見功而爵祿，故法術之士安能蒙死亡而進其說，姦邪之臣安肯乘利而退其身？」

韓非子備內篇：「是故明王不舉不參之事，不食非常之食，遠聽而近視以審內外之失，省同異之言以知朋黨之分，偶參伍之驗以責陳言之實，執後以應前，按法以治衆，衆端以參觀，士無幸賞，無踰行，殺必當，罪不赦，則姦邪無所容其私。」

韓非之所謂「驗而必之」「必而據之」，與荀子「辨合」「符驗」之論一致。韓非以爲堯舜之不能復生，不能「參驗而必之」「必而據之」，是以難以「必定」也。前錄韓非姦劫弑臣、亡徵、孤憤、備內等篇，均言「參驗」或「參伍之驗」，足證其於「參驗」之說殊爲重視。但吾人須進一步討論者，備內篇引文中有「偶參伍之驗」語，據陳奇猷韓非子集釋案語，「偶，合也」，可見韓非不但言「參驗」，且言「辨合」之「合」矣！

荀子性惡篇：「故枸木必將待檃栝、烝矯然後直；鈍金必將待礱厲然後利。今人之性惡，必將待師法然後正，得禮義然後治。……今人之性，固無禮義，故彊學而求有之也；性不知禮義，故思慮而求知之也。」

荀子以曲木、鈍金爲例，說明自然之物，非待檃栝、烝矯、礱厲，難以爲用，進而說明，人之性惡，必「待師法然後正，得禮義然後治」。

韓非子顯學篇：「夫聖人之治國，不恃人之爲吾善也，而用其不得爲非也。恃人之爲善也，境內不什數；用人不得爲非，一國可使齊。爲治者用衆用舍寡，故不務德而務法。夫必恃自直之箭，百世無矢；恃自圜之木，千世無輪矣。自直之箭，自圜之木，百世無有一，然而世皆乘車射禽者何也？檃栝之道用也。……不恃賞罰而恃自善之民，明主弗貴也。何則？國法不可失，而所治非一人也。故有術之君，不隨適然之善，而行必然之道。」

韓非言人之治國，「不恃人之爲吾善」，而用其「不得爲非」也，如「必恃自直之箭，百世無矢」；「恃自圜之木，千世無輪」，千百世之所無而「世皆乘車射禽」者，用「檃栝之道」也。荀子與韓非皆主性惡之說。荀子以爲人可經由師法禮義而後正、而後治，而韓非雖亦言後天矯正之說，惟矯正之具，非荀子之「禮義」而爲「必然之道」，亦卽「不可失之」之「國法」也。

荀子修身篇：夫『堅白』『同異』『有厚無厚』之察，非不察也，然而君子不辯，止之也。倚魁之行，非不難也，然而君子不行，止之也。」

「堅白」、「同異」、「有厚無厚」之說，如山淵平、天地比、鉤有須、卵有毛之類，皆說之難持者也，而惠施鄧析能之，然而君子以其無益於理，故不加珍視，止而不加辯論。倚魁（猶「奇傀」，怪異也）之行，如懷負石而赴河，是行之難爲者也，而申徒狄能之；君子以其非禮義之中，故不予珍視，止而不爲也。

荀子儒效篇：「凡事行，有益於理者，立之；無益於理者，廢之；夫是之謂中事。凡知說，有益於理者，爲之；無益於理者，舍之；夫是之謂中說。」

知識與議論有益於義理者，方可言之；無益於義理者，必予廢置；如是者謂之「中說」——「中說」

者，「中規中矩」、「適當合宜」之說也。治事或行爲有益於世人者，方可爲之；無益於世人者，必予捨棄；如是者謂之「中事」——「中事」者，「中規中矩」、「適當合宜」之事也。荀子所謂「中事」「中說」，全以「有益」「無益」於義理爲準，與前指斥之「堅白」「同異」「有厚無厚」「倚魁之行」云云，全相符合。

韓非子問辯篇：「夫言行者，以功用爲之的彀者也。……人主者說辯察之言，尊賢抗之行，故夫作法術之人，立取舍之行，別辭爭之論，而莫爲之正。是以儒服帶劍者衆，而耕戰之士寡；堅白無厚之詞厚，而憲令之法息。」

人之言語與行爲，全以實用爲標的。……人主喜悅明辯之言辭，推崇有才德而勇於抗言之士，是以行法術之人，雖行爲取舍上有其表現，言辭爭訟上有所辨別，亦不能用以改正人主喜悅辯察、尊敬賢抗之偏失也。如國中著儒服、佩劍之人衆多，而耕作田地、效命疆埸之士減少；堅白異同、有厚無厚之詖辭彰顯，而法令功效爲之止息。韓非主張言語與行爲應以實用爲主，此與荀子「中事」「中說」以「有益」「無益」爲斷者，實相符合。

荀子性惡篇：「善言古者，必有節於今；善言天者，必有徵於人。」

善於言說古事者，必能以今事爲符驗、爲準則；善於申述天道者，必能以現實經驗爲驗合、爲準則。

荀子非相篇：「故曰：欲觀千歲，則數今日；欲知億萬，則審一二；欲知上世，則審周道；欲知周道，則審其人所貴君子。故曰：『以近知遠，以一知萬，以微知明』，此之謂也。」

欲觀千歲之遠，應視今日之近；欲知億萬之夥，當數一二之數；欲知上世之先王，須觀周王之道；欲知周王之道，則不可不熟察其人所宗仰之君子。荀子此言，於奢談往古、忽視當今，不予苟同，亦即所謂法後王之意也。

韓非子五蠹篇：「是以聖人不期脩古，不法常可，論世之事，因爲之備。宋人有耕田者，田中有株，兔走，觸株折頸而死，因釋其耒而守株，冀復得兔，兔不可復得，而身爲宋國笑。今欲以先王之政，治當世之民，皆守株之類也。」

韓非以宋人守株待兔故事，說明「以先王之政，治當世之民」之不當，於同篇稱引「文王行仁義而王天下、徐偃王行仁義而喪其國」故事，說明「世異則事異」之理；又擧「舜伐三苗、禹伐共工」故事，說明「事異則備變」之理。凡此諸端，皆所以明「不期脩古、不法常可」之義，此與荀子之說，實有淵源焉。

荀子之所以倡禮治，實基於性惡之說，此或因世逢喪亂，邪說異行，同時並起，故激而出此，以勉人爲善耳。唐楊倞「性惡」篇目下注云：「當戰國時，競爲貪亂，不脩仁義，而荀卿明於治道，知其可化，無勢位以臨之，故激憤而著此論。」清四庫全書總目提要亦評荀子之學，「主持太甚，詞義或至於過當」。清王先謙荀子集解序亦云：「余謂性惡之說，非荀子本意也。……余因以悲荀子遭世大亂，民胥泯棼，感激而出此也。」據此，可知荀子之倡性惡、行禮治，正因時勢使然。而李斯則假其說以事始皇，其道因而大行，繼以焚書坑儒，終成叢怨之媒，集衆矢之的，爲後世所詬病，斯又非荀卿始料所及矣？

宋蘇軾荀卿論云：「昔者嘗怪李斯事荀卿，既而滅其書，大變古先聖王之法，於其師之道，不啻若寇讎。及今觀荀卿之書，然後知李斯之所以事秦者，皆出於荀卿，而不足怪也。荀卿者，喜為異說而不遜，敢為高論而不顧者也。其言愚人之所驚，小人之所喜也；子思孟軻，世之所謂賢人君子也，荀卿獨曰亂天下者子思孟軻也。天下之人，如此其眾也；仁人義士，如此其多也；荀子獨曰人性惡，桀紂性也，堯舜偽也。由是觀之，意其為人，必也剛愎不遜，而自許太過；彼李斯者，又特甚者耳。……彼李斯者，獨能奮而不顧，焚燒夫子之六經，烹滅三代之諸侯，破壞周公之井田，此亦必有所恃者矣！彼見其師歷詆天下之賢人，以自是其愚，以為古先聖王皆無足法者，不知荀卿特以快一時之論，而荀卿亦不知其禍之至於此也，其父殺人報仇，其子必且行劫。荀卿明王道，述禮樂，而李斯以其學亂天下，其高談異論，有以激之也。」（註四）觀子瞻責李斯之焚書、壞先王之法，而確認其皆出於荀卿，良非虛語。

乙、對漢儒之影響

周衰，至於戰國，諸侯放恣，邪說橫行，百家雜說，蠭午而起，然儒術要未嘗絀，其守孔子之業而潤色之者，功獨荀卿為多；然則荀子之出，於時最後，最為老師，故戰國學術於焉輻輳，儒學獨尊，道亦由之，荀學位至重也。至唐韓愈讀荀子醇疵之辨出（註五），荀氏於焉失據，退而夷于諸子雜家之流，而其爲書若存若亡，良可慨也。洎乎近世，有清之隆，漢學大盛，而荀子復見重儒林矣！

清人汪中荀卿子通論云：「荀卿之學，出於孔氏，而尤有功於諸經。……蓋自七十子之徒既歿，漢諸儒未興，中更戰國暴秦之亂，六藝之傳，賴以不絕者，荀卿也。周公作之，孔子述之，荀卿子傳之，其揆一也。」茲就汪氏之說，分敍荀子傳學術經典者如后：

汪氏言荀卿之傳毛詩也，則曰：

「經典敍錄：毛詩，徐整云：『子夏授高行子，高行子授薛倉子，薛倉子授帛妙子，帛妙子授河間人大毛公，毛公爲詩故訓，傳于家，以授趙人小毛公。』一云：『子夏傳曾申，申傳魏人李克，克傳魯人孟仲子，孟仲子傳根牟子，根牟子傳趙人孫卿子，孫卿子傳魯人大毛公。』由是言之，毛詩，荀卿子之傳也。」

由上引文字，可知傳毛詩者有二說：㈠子夏——高行子——薛倉子——帛妙子——大毛公——小毛公。㈡子夏——曾申——李克——孟仲子——根牟子——孫卿子——大毛公。依前說，毛詩之傳，與荀卿無關，姑置不論。依後說，荀卿則爲關鍵人物。汪氏更引荀卿大略篇以謂「霜降逆女」，與毛同義；以及「解蔽篇說卷耳，儒效篇說風、雅、頌，大略篇說魚麗、國風好色，並先師之逸典」諸端，以實其「毛詩，荀卿子傳也」之說。

汪氏言荀卿之傳魯詩也，則曰：

「漢書楚元王交傳：『少時嘗與魯穆生、白生、申公同受詩於浮邱伯，伯者，孫卿門人也。』

鹽鐵論云：『包邱子（汪中自注「包邱子卽浮邱伯」）與李斯俱事荀卿。』劉向敍云：『浮邱伯受業，爲名儒。』漢書儒林傳：『申公，魯人也，少與楚元王交俱事齊人浮邱伯受詩。』又云：『申公卒以詩、春秋授，而瑕邱江公盡能傳之。』由是言之，魯詩，荀卿子之傳也。」

由上引文字，可知魯詩經荀卿傳浮邱伯，然後再分傳：㈠楚元王交；㈡魯穆生；㈢白生；㈣申公四人。申公後更傳瑕邱江公。

汪氏言荀卿之傳韓詩也，則曰：

「韓詩之存者，外傳而已，其引荀卿子以說詩者四十有四。由是言之，韓詩，荀卿子之『別子』也。」

近人楊筠如荀子研究一書，嘗較覆荀子與韓詩外傳，發現二書文句完全相同者達五十三處之多（註六），足見汪容甫「韓詩，荀卿子之『別子』」之說，不誣也。

汪氏言荀卿之傳左氏春秋也，則曰：

「經典敍錄云：『左邱明作傳，以授曾申，申傳衞人吳起，起傳其子期，期傳楚人鐸椒，椒傳趙人虞卿，卿傳同郡荀卿名況，況傳武威張蒼，蒼傳洛陽賈誼。』由是言之，左氏春秋，荀卿之傳也。」

由上引文字，可知傳左氏春秋者，其譜系爲：左邱明——曾申——吳起——吳期——鐸椒——虞卿——荀卿——張蒼——賈誼。

汪氏言荀卿之傳穀梁春秋也，則曰：

「儒林傳云：『瑕邱江公受穀梁春秋及詩于魯申公，傳子至孫爲博士。』由是言之，穀梁春秋，荀卿子之傳也。」

由是可知「穀梁春秋，荀卿子之傳也」，其譜系爲：荀卿傳申公，申公再傳瑕邱江公。汪氏更引據荀子禮論大略二篇，說明其與穀梁春秋之間，有其關係，而斷言「禮論、大略二篇，穀梁義具在」。

汪氏言荀卿之傳公羊春秋也，則曰：

「大略篇『春秋賢穆公，善胥命』，則爲公羊春秋之學。……董仲舒治公羊春秋，故作書美荀卿，其學皆有所本。」

荀子大略篇云「春秋賢穆公，以爲能變也」，此與公羊傳所謂「秦伯使遂來聘。遂者何？秦大夫也。秦無大夫，此何以書？賢穆公也。何賢乎穆公？以爲能變也」（註七），文字極爲相似，識者當能辨之。

荀子大略篇又云：「春秋善胥命，而詩非屢盟，其心一也。」所謂「胥命」者，謂諸侯相會約而不盟也，而春秋善之（註八）。荀子之言，亦猶春秋公羊之說也。

汪氏以爲「董仲舒治公羊春秋，故作書美荀卿，其學皆有所本。」其意蓋指董仲舒之學，本於荀卿也。

汪氏言荀卿之傳曲臺「禮」也，則曰：

「荀卿所學，本長于禮。儒林傳云：『東海蘭陵孟卿善爲禮、春秋，授后蒼、疏廣。』劉向敍云：『蘭陵多善爲學，蓋以荀卿也。長老至今稱之，曰蘭陵人喜字爲卿，蓋以法荀卿。』……由是言之，曲臺之禮，荀卿之支與餘裔也。」

由是可知，漢宣帝時后蒼善說禮，其所記「曲臺之禮，荀卿之支與餘裔也」。傳禮之譜系爲：荀卿傳孟卿，孟卿再傳后蒼與疏廣。

汪氏言荀卿之傳易也，則曰：

「劉向又稱荀卿善爲易，其義亦見非相大略二篇。」

觀乎荀子非相大略二篇，可證劉氏之言，洵非虛語。荀子誠「善爲易」者也。

綜前論，知荀子對後世經傳之學殊多傳授之功。傳毛詩者爲大毛公、小毛公，傳魯詩者爲楚元王、魯穆生、白生、申公、瑕邱江公，傳左氏春秋者爲張蒼、賈誼，傳穀梁春秋者爲申公、瑕邱江公，傳禮者爲孟卿、后蒼、疏廣。凡此諸人，皆漢世之大儒。是可斷言，荀子於經術之傳，影響最深者，厥爲漢世明矣！此外，如韓詩、公羊春秋及易等，因年代久遠，其傳授譜系，雖不可盡知，然或多或少，皆受荀卿之影響，當可確定。漢代經學興盛，荀子之功，實不可沒也。

是以漢世儒者，匪特大毛公、小毛公、楚元王、魯穆生、白生、浮邱伯、申公、瑕邱江公、張蒼、賈誼、孟卿、后蒼、疏廣一輩博士經生，出於荀卿之傳；即陸賈以下，卓爾諸子，如桓寬、揚雄、王符、荀悅之倫，亦莫不與荀卿有其淵源。若欲研析兩漢諸子源流演變，於荀子之學，不可不先予推究審度也。

首言陸賈。賈，楚人，長於口辯，以客從漢高祖定天下。賈時於帝前說詩書，帝令著秦漢所以興亡之故，賈因著書十二篇，帝讚之稱善，名曰新語。漢世諸子，儒家者流，以時世考之，陸賈新語，成於漢高時，最爲先出。據新語其書而論，陸氏之說，多受荀子影響。玆擧數例說明如下：

新語道基篇：「天生萬物，以地養之；聖人成之，功德參合，而道術生焉。……於是先聖乃仰觀天文，俯察地理，圖畫乾坤以定人道，民始開悟，知有父子之親，君臣之義，夫婦之道，長幼有序，於是百官立，王道乃生。」

陸氏曰「天生萬物，以地養之；聖人成之，功德參合，而道術生焉」，此非荀子天論篇「願於物之所以生，孰與有物之所以成」楊倞注所謂「物之生雖在天，成之則在人」之旨歟？陸氏又曰「人道」定於「先聖」，此非荀子儒效篇「道者，非天之道，非地之道，『人之所以道也』；君子之所以道也」歟？

新語術事篇：「善言古者，合之於今；能術遠者，考之於近。……故制事者，因其則；服藥者，因其良；書不必起仲尼之門，藥不必出扁鵲之方，合之者善，可以爲法，因世而權行。……故求遠者不可失於近，治影者不可忘其容。」

陸氏曰「善言古者，合之於今；能術遠者，考之於近」，此非荀子性惡篇「善言古者，必有節於今；善言天者，必有徵於人」之旨歟？陸氏又曰「書不必起仲尼之門，藥不必出扁鵲之方」云云，此非荀子「法後王」之旨歟？

新語懷慮篇：「（懷）慮者，不可以立計，持兩端者，不可以定威。……故聖人執一政以繩百姓，持一概以等萬民，所以同一治而明一統也。」

陸氏曰「執一政以繩百姓，持一概以等萬民」，此毋荀子「尚一」之旨歟？荀子正論篇云「天子者，埶（勢）位至尊，無敵於天下」者也！荀子論事，亦多側重於「專一」之功，如曰「一可以爲法則」（註九）、「并一而不二」（註一〇）、「專心一志」（註一一）、「類不可兩也，故知者擇一而壹焉」（註一二）、「學也者，固學一之也」（註一三）。由是觀之，陸氏之學，出於荀子，甚明矣！

次言桓寬。寬，字次公，汝南人。生卒年不詳，約西漢昭宣二帝前後在世。博通善屬文。治公羊春秋，舉爲郎，至廬江太守。昭帝始元中，丞相御史與諸賢良文學議論鹽鐵事，預相詰難。至宣帝時，寬乃衍其議論之文，增廣條目，極其論難，著數萬言，名曰鹽鐵論。究其內容，亦多採荀書之說。

鹽鐵論貧富篇：「文學曰：行遠者，假於車；濟江海者，因於舟；故賢士之立功成名，因資而假物者也。……君子能修身以假道者，不能枉道而假財也。」

鹽鐵論云「行遠者，假於車」云云，此猶荀子勸學篇「假輿馬者，非利足也，而致千里。假舟檝者，非能水也，而絕江河。君子生非異也，善假於物也」之說！

鹽鐵論殊路篇：「文學曰：非學，無以治身；非禮，無以輔德；和氏之璞，天下之美寶也，待鑑識之工而後明；毛嬙，天下之姣人也，待香澤脂粉而後容；周公，天下之至聖人也，待賢師學問而後通。今齊世庸士之人，不好學問，專以己之愚而荷負巨任，若無檝舳濟江海，而遭大風漂沒於百仞之淵，東流無崖之川，安得沮而止乎？」

「非學，無以治身」云云，此猶荀子性惡篇「繁弱、鉅黍，古之良弓也；然而不得排檠，則不能自正。桓公之葱，太公之闕，文王之錄，莊君之曶，闔閭之干將、莫邪、鉅闕、辟閭，此皆古之良劍也；然而不加砥厲，則不能利，不得人力，則不能斷。驊騮、騹驥、纖離、綠耳，此皆古之良馬也；然而前必有銜轡之制，後有鞭策之威，加以造父之馭，然後一日而致千里也」之說。荀子所持諸說，屢見於鹽鐵論中。漢時「賢良文學」之士，其一般主張，於玆可見。

次言揚雄。雄，字子雲，蜀郡成都人。生於漢宣帝甘露元年。少好學，不爲章句訓詁，涉覽無所不見，爲人簡易佚蕩，口吃不能劇談，好作深思。年四十餘，始自蜀至京師。成帝召對，奏所作賦，除爲郎中，給事黃門，與王莽、劉歆並。及莽篡位，雄時校書天祿閣，因事恐被收，自投閣下，幾死。後以病免，又召爲大夫。天鳳五年卒，年七十一。雄著作甚豐，惟類多模擬，世人頗加非議。雄嘗欲求文章成名於後世，以爲經莫大於易，故作太玄；傳莫大於論語，故作法言。惟按之法言一書，亦多採荀卿之說以成者也。

　　法言問神篇：「君子之言，幽必有驗乎明，遠必有驗乎近，大必有驗乎小，微必有驗乎著，無驗而言之謂妄。」

揚雄所謂「幽必有驗乎明，遠必有驗乎近」云云，亦猶荀子性惡篇「凡論者，貴其有辨合，有符驗。

故坐而言之，起而可設，張而可施行」之旨也。荀子以辨合符驗爲貴，而揚子以無驗爲妄，其說固相似矣。

法言修身篇：「人之性也，善惡混。修其善，則爲善人，修其惡，則爲惡人。氣也者，所以適善惡之馬也與？」

揚雄所謂善惡混者，謂性之中有善焉，而亦有惡焉；修其善，則爲善人；修其惡，則爲惡人；質言之，善惡混云者。卽謂爲性惡說可也。且荀子論性，固曰「生而有好利焉」「生而有疾惡焉」「生而有耳目之欲，有（又）好聲色焉」，此謂性中有惡矣！抑又曰「塗之人也，皆有可以知仁義法正之質，皆有可以能（爲）仁義法正之具」，是又謂性之中有善矣。然則，荀子揚子，其論性也，曰「惡」、曰「混」，雖若各殊其趣，而其謂性之中有善，而亦有惡，初未嘗不同歸也。故謂揚子「善惡混」，爲性惡說可也；謂荀子「人之性惡」，爲善惡混說，亦可也。

次言王符。符，字節信，安定臨涇人。生當東漢章帝建初初年至桓帝永壽末年。少好學，有志操，與馬融、張衡、崔瑗等友善。時當和安二帝之後，世重仕宦，在政者更相援引，符獨耿介不同流俗，以此不得上進。因志意蘊憤，乃隱居，著潛夫論。其書譏評當時得失，而不欲章顯己名。其中亦多採荀子之言以成者。

潛夫論讚學篇：「是故造父疾趨，百步而廢，自託乘輿，坐致千里；水師泛舳，解維則溺，自託舟楫，坐濟江河。是故君子者，性非絕世，善自託於物也。」

王氏於此，亟言君子善假於物之旨。篇中所言，莫非荀義。荀子勸學篇論爲學之功，則曰「假輿馬者，非利足也，而致千里。假舟檝者，非能水也，而絕江河。君子生非異也，善假於物也」。取此以較王符之言，其出自荀子皎然可覩矣！

潛夫論愼微篇：「積善多者，雖有一惡，是謂過失，未足以亡。積惡多者，雖有一善，是謂誤中，未足以存。」

王氏暢申積善之論，其與荀子之論積善成德云「一出焉，一入焉，塗巷之人也。其善者少，不善者多，桀、紂、盜跖也」（註一四），不啻出自一人之口矣。

潛夫論讚學篇：「天地之所貴者人也，聖人之所尙者義也。德義之所成者智也。明智之所求者學問也。」

王氏所謂「天地之所貴者人也」云云，此非荀子儒效篇「道者，非天之道，非地之道，人之所以道也」、禮論篇「禮者，人道之極也」歟？兩氏雖皆汲汲於勸人向學，惟王氏倡「讚學」，以爲「聖人所尙者，『義』」也；而荀子倡「勸學」，以爲聖王所尙者「禮」也，有所差異耳！

潛夫論務本篇：「夫爲國者，以富民爲本，以正學爲基。民富乃可教，學正乃得義。」

王氏「富民」「正學」之說，亦猶荀子「不富無以養民情，……故家五畝宅，百畝田，務其業而勿奪其時，所以富之也」（註一五）、「足國之道，節用裕民。……裕民則民富」（註一六）、「王者富民」（註一七）、「今之人，化師法、積文學、道禮義者爲君子」（註一八）、「故學也者，固學止之也。惡乎止之？曰：止諸至足。曷謂至足？曰：聖也」（註一九），惟荀子「富民」「爲學」之論，莫不以「隆禮」爲的彀，此與王氏「富民」「正學」之說，略有異耳！

次言荀悅。悅，字仲豫，潁川潁陰人。生於東漢桓帝建和二年，卒於獻帝建安十四年，年六十二。悅早孤，性沈默，善記誦，好著述。獻帝時，與孔融等常侍講禁中，累遷祕書監、侍中。時朝政大權移曹氏，天子尸居，悅志在獻替，而謀無所用，乃作申鑒五篇。推究其書，亦多採荀子之言。

申鑒雜言下篇：「或問：『天命之事』。曰：『有三品焉，上下不移，其中則人事存焉爾。命相近也，事相遠也，則吉凶殊矣。故曰「窮理盡性以至於命。」』」

言及天命與人事問題，荀悅以謂天命有三等，而上下兩等人，難於改易；屬中等者，人事之作爲殊爲重要。天命之於人也，時或相近，惟因人事作爲有別，招致之吉凶大不相同。荀悅此說，實暗合荀子性惡篇「善者僞也」之旨。

申鑒俗嫌篇：「在上者，不受虛言，不聽浮術，不采華名，不興僞事；言必有用，術必有典，名必有實，事必有功。」

申鑒時事篇：「譽其有試者，萬事之概量也。以玆學者，試其事；處斯職者，考其績。……故有事考功，有言考用；動則考行，靜則考守。」

荀悅「言必有用，……事必有功」、「有事考功，有言考用」云云，此與荀子主言說有益於理者方可言、治事有益於世者方可行——「中說」「中事」之說，實相近似。

上述陸賈、桓寬、揚雄、王符、荀悅五人，皆兩漢儒學之大家，所主之說，溯源考實，洵與荀子之言有其淵源。可知荀卿於漢世儒學之影響，何其深遠！

漢代儒學重要成就之一，爲大小戴兩禮記之彙集，而大小戴記與荀子禮學之間，關係極爲深切。清儒汪中荀卿子通論曰：「大戴禮曾子立事篇，載修身大略二篇文；小戴樂記、三年問、鄉飲酒義篇，載禮論、樂論篇文。」指稱二戴禮記與荀子關係密切。近人梁啟超於要籍解題及其讀法書中亦云：「大小戴兩禮記，文多與荀子相同。……當認爲禮記采荀子，不能謂荀子襲禮記，蓋禮記本漢儒所裒集之叢編，雜采諸家著述耳。」梁氏並互舉篇名，以證其說，且下斷語曰：「因此可推見兩戴記中其摭拾荀卿緒論而不著其名者或尚不少。」（註二〇）茲就現存之荀子與大小戴兩禮記相較，證物鑿鑿，是以任公之言，莫可或易！惟任公所論列，僅粗略言之，欲知其詳，宜取大小戴兩禮記與荀子全書作一比較，始可洞悉源流，竅其底蘊。政治大學中文研究所閆隆庭碩士論文「大小戴記與荀子關係之探索」，已從事於此。茲依其研究，排比如下：

㈠大戴禮記與荀子之比較：

1 篇目及內容相同者

大戴勸學篇 ---- 荀子勸學篇

2 篇目及內容略同者

大戴哀公問五義篇 ---- 荀子哀公篇

大戴禮三本篇 ---- 荀子禮論篇

3. 篇目不同而文句略同者

大戴勸學篇 ---- 荀子宥坐篇

大戴曾子疾病篇 ---- 荀子法行篇

大戴曾子立事篇 ---- 荀子修身篇、荀子大略篇

大戴曾子制言下篇、大戴虞戴德篇、大戴易本命篇 ---- 荀子大略篇

大戴用兵篇 ---- 荀子議兵篇

4. 篇目不同、文句不同而其含義合者∴拾篇皆是，故不贅擧。

(二)小戴禮記與荀子之比較

1. 篇目略同而內容相同者

小戴樂記篇 ---- 荀子樂論篇

2. 篇目略同而內容亦略同者

小戴學記篇 ---- 荀子勸學篇

小戴	荀子
小戴儒行篇	荀子儒效篇

3. 篇目不同而內容相同者

小戴	荀子
小戴鄉飲酒義篇	荀子樂論篇
小戴三年問篇、小戴閒傳篇、小戴經解篇	荀子禮論篇
小戴聘義篇	荀子法行篇

4. 篇目不同而文句略同者

小戴	荀子
小戴曲禮上篇	荀子王制篇、荀子賦篇、荀子大略篇
小戴曲禮下篇	荀子臣道篇
小戴檀弓上篇	荀子禮論篇、荀子大略篇
小戴檀弓下篇	荀子王霸篇

- 小戴王制篇
  - 荀子正名篇
  - 荀子君道篇
  - 荀子禮論篇
  - 荀子成相篇
  - 荀子王制篇
  - 荀子王霸篇
  - 荀子大略篇
- 小戴禮運篇
  - 荀子禮論篇
  - 荀子榮辱篇
  - 荀子仲尼篇
  - 荀子大略篇
  - 荀子正論篇
  - 荀子王制篇
- 小戴玉藻篇
  - 荀子大略篇
- 小戴明堂位篇
  - 荀子儒效篇
- 小戴少儀篇
  - 荀子大略篇

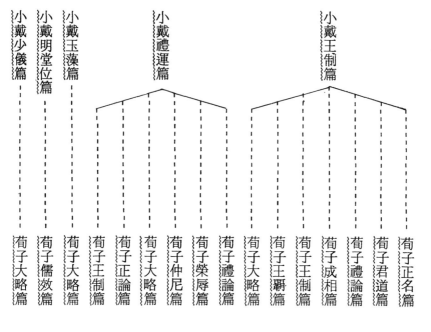

小戴	荀子
小戴學記篇	荀子致士篇
小戴樂記篇	荀子儒效篇
小戴喪大記篇	荀子禮論篇
	荀子大略篇
小戴經解篇	荀子王覇篇
小戴祭義篇	荀子禮論篇
	荀子大略篇
小戴仲尼燕居篇	荀子王制篇
小戴孔子閒居篇	荀子正論篇
	荀子富國篇
	荀子君道篇
	荀子王制篇
	荀子禮論篇
	荀子不苟篇
	荀子解蔽篇
	荀子正名篇

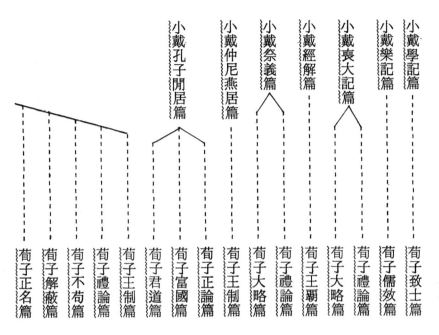

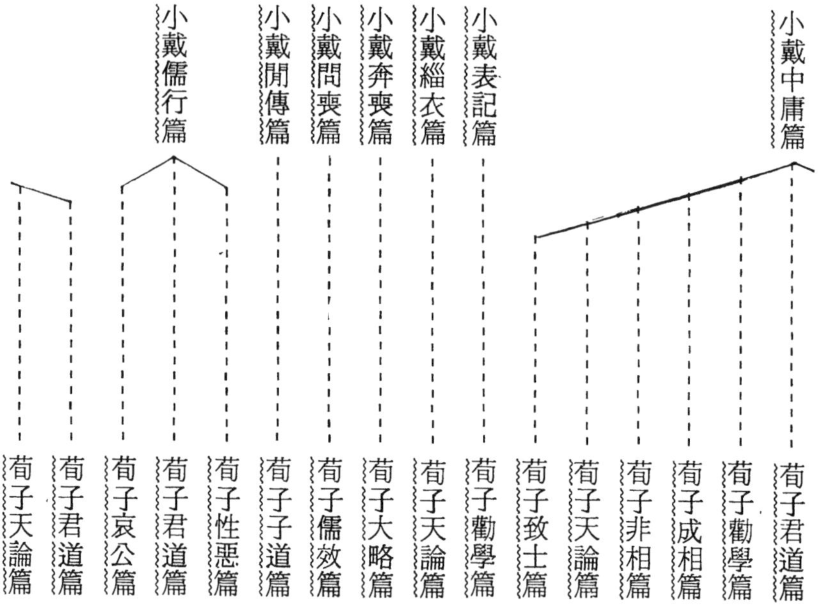
小戴中庸篇
小戴表記篇
小戴緇衣篇
小戴奔喪篇
小戴問喪篇
小戴閒傳篇
小戴儒行篇
荀子君道篇
荀子勸學篇
荀子成相篇
荀子非相篇
荀子天論篇
荀子致士篇
荀子勸學篇
荀子天論篇
荀子大略篇
荀子儒效篇
荀子子道篇
荀子性惡篇
荀子君道篇
荀子哀公篇
荀子君道篇
荀子天論篇

小戴大學篇
荀子解蔽篇
荀子致士篇
荀子大略篇
荀子堯問篇
荀子修身篇

上所列舉今本荀子與現存大小戴二禮記，其篇目、內容、文句上相同或略同者，爲數甚夥；足以證實其間關係之密切也。

再者，小戴禮記言喪祭之禮特多，約居三分之二；大戴禮記就其現存部分而言，涉及喪祭之處，與小戴禮記亦相近。而荀子言禮之儀文，其中喪祭亦佔三分之二。由此亦可顯示：大小戴二禮記與荀子之間，關係密切，並非偶然。昔者江聲臨終，詔其子以告友人孫星衍曰：「吾父死無他言，疑儀禮周官之委曲繁重，不可行於今也。」孫氏卽應之曰：「禮意之會通在禮記。」依孫氏之意，禮記發明宗義，其價值遠軼於禮經矣！惟禮記之內容，如上所述，大率與荀子相同，然則，後人因義起禮，莫不循荀以成！吾人如逐句校核，當可發現：司馬遷史記卷二十三禮書，多本荀子禮論篇而立說；史記禮書附錄，頗採荀卿禮論之文焉。

時至戰國，文武道衰，百家爭鳴，荀子躬逢其盛，故於諸子，大都據禮以折之。雖儒門宗匠思孟游夏之徒，亦不例外。荀子非十二子篇評它囂魏牟，以謂二人「不足以合文通治」；評陳仲史鰌云「

不足以合大衆，明大分」；評墨翟宋鈃云「不知壹天下，建國家之權稱」、「曾不足以容辨異，縣君臣」；評愼到田駢云「尙法而無法」、「不可以經國定分」；評惠施鄧析云「不法先王，不是禮義」、「不可以爲治綱紀」；評子思孟子云「略法先王而不知其統」、「甚僻違而無類」。是荀子以禮爲其權衡諸子之標準，審矣！是荀子之學，涵濡者博，而其禮論影響後世政教者，至深至鉅，後儒雖以其「性惡」「法後王」諸端，詆爲孔門別派，然其學說之價値，要亦不可磨滅者也。

丙、對宋儒之影響

孟荀並稱久矣。太史公論次諸子，特取二子合爲一傳，其所尊尙，固有在矣。荀子本傳有「李斯嘗爲弟子，已而相秦」之語，史遷意固在惡斯之背師而取富貴，初無罪荀之意也。是以荀之與孟，實同受隆尊也。迨於漢世，卓爾諸儒，莫不與荀學有其淵源。故梁任公有言，曰：「自漢以後，名雖爲昌明孔學，實則所傳者，僅荀學一支派而已。」（註二二）至唐，韓退之讀荀子，有「孟氏醇乎醇者也，荀與揚大醇而小疵」之言，於是孟荀之優劣以分。

下逮有宋，諸子爲學，大儒言道，均歸本於心性，因偏向孟子，是皆以直溯孟學爲尊。如張橫渠曰「大其心則能體天下之物」，已直引「孟子謂盡心則知性知天」立說（註二三）。程明道亦言「天地之用，皆我之用。孟子言萬物皆備於我，須反身而誠，乃爲大樂」（註二三），實逕申孟子之言，以爲：吾人但知天地萬物本與我爲一體，若能「誠敬存之」，久而久之，自可達到萬物一體之境界。

他若朱熹，以孟子與學庸論語合爲四書，並爲之註。其論心性與情之關係，則云「性、情、心，惟孟子說得好。仁是性，惻隱是情，須從心上發出來。心統性情者也。性只是合如此底，只是理，非有個物事。若是有底物事，則既有善，必有惡。惟其無此物，只有理，故無不善」（註二四）。蓋朱子之學，在明吾心之全體大用。此一鵠的，實亦爲一般道學家之共同目標焉。

降至陸王，尤爲尊孟。象山嘗自謂其學，乃「因讀孟子而自得之」（註二五）；至於陽明，不僅宗孟，且揭良知之大纛矣！二人純宗孟子，自與荀子略無相近之處。他若徐積之著辯習、荀子辯，章望之之著救性篇，則已由崇孟而抑荀，且近於誣荀之境矣！

宋儒有尊孟之習，已如上述。宋世道學之儒，因其「言心言性」，又創「心卽理」之說，自與荀子「性惡」、「重刑」、「持寵處位」，大異其趣，終而至於產生抑荀之論。惟於此舉世滔滔，全以理學爲尙之際，自亦不免有反動者出。一反高談道妙，闡發性眞之時風，而以禮樂刑政、經綸世務爲歸。於是先有江西學者（李覯、王安石）等之於張程，永康（陳亮）永嘉（葉適）諸儒之於朱陸，並言人事而舍天道，闢新解而袪故說，力掃身心性命之談，銳意經世治人之效。

茲以李（覯）王（安石）爲例，說明其創新立異之情形如后：

宋仁宗時，李覯倡「禮制」學說，以爲「夫禮，人道之準，世教之主也。聖人之所以治天下國家，修身正心，無他，一於禮而已矣」（註二六），此種以「禮制」爲施政立教之大本，舉凡一切經國寧民，修己治人之道，莫不以禮爲準則，自與孟子有異，而與荀卿隆禮所謂「禮者，法之大分，類之綱紀也，故學至乎禮而止矣。夫是之謂道德之極」（註二七）之說，前後相承，似屬一貫。

宋神宗時，王安石撰禮論一文，以爲「禮始於天而成於人，知天而不知人則野，知人而不知天則僞，聖人惡其野而疾其僞，以是禮興焉」。且以爲性情無善惡，其見於行事也，可善可惡。今欲導人於善而遏其惡，則必有賴於禮焉。禮者順人之性情而爲之立制者也。凡此，自與荀子「天生人成」（註二八）、「禮者，所以正身也」（註二九）者同。王氏乃一代政傑，其經濟文章，卓絕當世。因其學有本源，而語無泛設，故其說自非泛泛之輩所可比倫也。今觀夫李覯王安石以禮制爲立國之大經，力矯迂遠空疏之談者，乃欲以荀抑孟，另闢政教涂徑者明矣。

卽以言性之宋儒而言，彼等雖崇孟抑荀，然考其言論，亦不免有與荀學相似者。清錢大昕跋謝墉荀子箋釋云：「愚謂孟言性善，欲人之盡性而樂於善；荀言性惡，欲人之化性而勉於善。立言雖殊，其教人以善則一也。宋儒言性，雖主孟氏，然必分義理與氣質而二之，則已兼取孟荀二義；至其教人，以變化氣質爲先，實暗用荀子化性之說。」錢氏以爲宋儒教人以變化氣質者，實已暗用荀子化性之說。錢氏是說，自非全然無據。今人戴君仁先生，更撰荀學與宋代道學之儒一文，廣徵博引，排比較合，不僅坐實錢氏之說，並以爲「錢氏『暗用』二字，用得不對，對宋儒似含譏意。『暗用』者，有意使用而不說明之謂。我以爲宋儒的話有與荀子相合者，只是暗合，暗合是無心而相合，並非宋儒用了荀子學說而不肯說明出自荀子，所以這一個字的差別，關係甚大」（註三〇）。

錢氏跋文中之所謂宋儒，並未明示其範圍，而今人戴君仁體察跋文文句，認定所指者應屬宋史道學傳中所言及之周（濂溪）、張（橫渠）、二程（明道、伊川）、朱（晦菴）諸人。如此範圍，不僅宋代主經制、事功之儒若王安石不包括在內，以及屬於宋史儒林傳而主張以「禮制」爲施政根本，經國寧民、修己治人，莫不以禮爲準則之李覯亦摒諸門外。如此安排，殊欠周延。此外，至於先察識而後涵養，不喜分別義理氣質之性，而創建心學之陸象山，不在討論之列，而全以道學之儒爲範圍，似亦有斟酌之餘地。茲爲陳述宋儒之全貌，開闊其範圍，謹依次將周濂溪、張橫渠、程明道、程伊川、朱晦菴、陸象山諸儒（宋儒王安石、李覯諸人，以其與荀學有淵源爲不爭之事實，且前文已有言及，暫不論列），與荀子之說「相合」之處，一一加以檢視，較比如次。

首言周濂溪。周敦頤，原名敦實，字茂叔，道州營道人，避英宗舊諱，改名敦頤。生於宋眞宗天禧元年，卒於神宗熙寧六年，年五十七。因家廬山蓮花峯下，前有溪流，潔清紺寒，周氏濯纓而樂之，築書堂其上，取所居濂溪以名之，學者因稱濂溪先生。周氏一生汲汲於學問，其學精明微密，乃宋儒之巨擘，列于宋史道學傳之首。二程，皆其弟子。著有易說、易通（卽通書）、太極圖說等。茲述其書中與荀子相暗合之處如下：

通書師第七：「或問曰：曷爲天下善？曰：師。……聖人立教，俾人自易其惡，自至其中而止矣。故先覺覺後覺，暗者求於明而師道立矣。師道立，則善人多，善人多，則朝廷正而天下治矣。」此章論師道，與荀子之「隆師而親友」（註三一）、「學莫便乎近其人」（註三二），不無相近之處。而孟子則曰「子歸而求之有餘師」（註三三），以爲學貴自得（註三四），相去較遠。於此，可見周氏非但明說師之重要，符合荀旨，而「俾人自易其惡，自至其中」云云，顯有「化性」之意，此亦與荀子之學相暗合也。

通書禮樂第十三：「禮，理也；樂，和也。陰陽理而後和。君君，臣臣，父父，子子，兄兄，弟弟，夫夫，婦婦，萬物各得其理，然後和，故禮先而樂後。」

禮所以綱紀羣倫，樂所以調和情性，必天下之紀綱各得其理，而後方能作樂以宣暢萬民之和心，故禮先而樂後。凡此論點，自與荀子「樂也者，和之不可變者也；禮也者，理之不可易者也」（註三五）、「禮者，人道之極也」（註三六）、「程者，物之準也；禮者，節之準也。程以立數，禮以定倫」（註三七）諸說，如出一轍。

次言張載。載，字子厚，長安人。生於宋眞宗天禧四年，卒於神宗熙寧十年，年五十八。世居大梁，以僑寓爲鳳翔郿縣橫渠鎭人，學者稱橫渠先生。其學以易爲宗，以中庸爲的，以禮爲體，以孔孟爲極。著有西銘、東銘、正蒙、易說、經學理窟等書。玆述其書中與荀子相暗合之處如后：

張子全書卷六：「爲學大益，在自能變化氣質。不爾，卒無所發明，不得見聖人之奧。故學者先須變化氣質。變化氣質，與虛心相表裏。」

張氏於此，倡言「變化氣質」，恰與荀子「故聖人化性而起僞，僞起而生禮義」（註三八）之「化性」相契合。

張子全書卷五：「禮卽天地之德也。……禮者，聖人之成法也。除了禮，天下更無道矣。欲養民當自井田始，治民則教化刑罰俱不出於禮外。」

張氏於此，如此重禮，實又與荀子「禮豈不至矣哉！立隆以爲極，而天下莫之能損益也」（註三九）、「禮者，治辨之極也」（註四〇）、「禮者，法之大分，類之綱紀也，故學至乎禮而止矣。夫是之謂道德之極」（註四一）相符合矣！

張子全書誠明篇：「性未成則善惡混，故亹亹而繼善者，斯爲善矣。惡盡去則善因以亡，故舍曰善，而曰成之者性。……知及之而不以禮受之，非己有也。故知禮成性而道義出。」

張氏以爲「性未成則善惡混」云云，蓋言理氣有偏正，善惡混淆，依禮修養而有變化之可能，已同於荀卿矯揉之旨矣。他若「知禮成性而道義出」者，載嘗爲雲岩令，以敦本善俗爲先。月吉，具酒食，召老父高年，親與勸酬爲禮，使人知養老事長之義，可見禮誠關學之大經也。

次言二程。程顥，字伯淳，世居中山，後自開封徙洛陽。生於宋仁宗明道元年，卒於神宗元豐八年，年五十四。資性過人，尤善涵養。明於庶物，察於人倫，故死後文彥博采衆議而題其墓曰明道先生。所著詩文及語錄，並在二程全書中，與弟頤之語相亂，後人每不能辨。程頤，字正叔，程顥之弟。生於宋仁宗明道二年，卒於徽宗大觀元年，年七十五。與顥同受學於周敦頤。爲學本于至誠，故其爲人也恭而安，綽然而有餘裕。死後世稱伊川先生。著有易傳、經說、春秋傳等書。宋元學案將二氏所說强於分割，陳鐘凡氏謂「不可盡信」（註四二），故於此併敍之。

程伊川與朱晦菴，乃道學之儒對後世影響最大者。其遺著雖多，但其要旨可以「涵養須用敬，進學則在致知」（註四三）二語而盡。就此二語而言，皆與荀子相近。如荀子勸學篇言「持養」可使「德操」堅「定」，而成爲「成人」，卽見「養」之重要。換言之，爲學實卽「持養」。荀子不苟篇云「君子養心莫善於誠」、解蔽篇倡「大清明」，均屬伊川主「敬」之意。「致知」格物，本大學之義，程朱皆崇大學者。戴君仁先生「荀子與大學中庸」文中，曾云「荀子解蔽篇的贊稽物，卽大學的格物。致知在格物，是一回事，無先後可言。贊稽物亦卽依次至物，含致知在內。卽伊川所謂『今日格一件，明日又格一件』，至『積習既多，然後脫然自有貫通處』」，以其「荀子書中有與大學相通之處」，因而肯定「荀子遂有與程朱相合之說」，固非全然無據也。

程氏遺書卷二上：「禮樂不可以斯須去身。」

程氏遺書卷十七：「學莫大於致知，養心莫大於禮義。」

二程外書卷七：「人無禮以爲規矩，則身無所處，故曰立，此禮之文也。……理義以養其心，禮樂以養其血氣。故其才高者爲聖賢，下者亦爲吉士，由養之至也。」

上引文字，或並言「禮樂」，或單言「禮」之於「涵養」、「致知」之關係，此實合荀子修身篇所言「治氣養心之術」，莫不由「禮」之說也。

程氏遺書卷十五：「敬卽便是禮，無己可克。」

程氏一言「敬卽是禮」，意殊切實，與荀學尤爲相近。二言「無己可克」，謂循禮便一遵天理，自然無己私可克。此說亦卽分心性爲「氣質之性」與「義理之性」也（註四四），實已兼採孟荀二子之義矣。

其中述及氣質之性，教人變化氣質爲先，暗合荀說之處，顯然可見矣。

次言朱熹。熹，字元晦，一字仲晦，亦稱晦翁。世居徽州婺源；父松仕閩，以南宋高宗建炎四年，生熹於南劍之尤溪。寧宗慶元六年卒，年七十一。登紹興進士，歷事高宗、孝宗、光宗、寧宗四朝；凡所奏聞，皆正心、誠意、齊治、平均之道。著有易本義、啟蒙、著卦考誤、詩集傳、大學中庸章句、或問、論語孟子集註、太極圖、通書、西銘解、楚辭集註辨證、韓文考異等書。

朱子宗伊川之學，其師「涵養須用敬，進學則在致知」二語，朱子於答呂伯恭第四書（註四五）、答劉子澄第二書（註四六）、答陳師德書（註四七）中，再三加以稱道。

朱子語類卷九：「擇之問且涵養去，久之自明。曰：亦須窮理。涵養窮索二者不可廢一，如車兩輪，如鳥兩翼。」

朱子以爲「致知」與「涵養」要並重，二者相交發，即是「致知」，亦是「涵養」。經由「涵養」工夫，方可達於「致知」。二者如車之兩輪、鳥之兩翼，必須一起作爲，方可行動；如有偏廢，則不可前進矣。此與荀子所謂「故君子壹於道，而以贊稽物。壹於道則正，以贊稽物則察。以正志行察論，則萬物官矣」（註四八）相符合矣。

晦菴先生朱文公集卷七十六：「古者小學教人以灑掃應對進退之節，愛親敬長隆師親友之道，皆所以爲修身齊家治國平天下之本，而必使其講而習之於幼稚之時，欲其習與知長，化與心成，而無扞格不勝之患也。」

朱子語類卷七：「小童添炭，撥開火散亂。先生曰：可拂殺了，我不愛人恁地，此便是燒火不敬。所以聖人敎小兒灑掃應對，件件要謹。某外家子姪，未論其賢否如何，一出來便齊整。緣是他家長上元初敎誨得如此。只一人外居，氣習便不同。」

凡此，皆可見其主張爲學要自幼培育，使成習慣，及長卽難以調敎。此與荀子重習重化之說無異也。荀子重習重積，其言曰「性也者，吾所不能爲也，然而可化也；情也者，非吾所有也，然而可爲也。注錯習俗，所以化性也；并一而不二，所以成積也。習俗移志，安久移質，并一而不二，則通於神明，參於天地矣」（註四九）、「慮積焉，能習焉而後成謂之僞（爲）」（註五〇）。荀子不重人之本質，因其認定性惡，於是重「化」、重「習」、重「積」、重「爲」。以爲習俗可以移志，安久可以移質。朱子主性善，雖與荀子相反，但其重「習」則同於荀子。朱氏注論語學而篇「學而時習之」句云：「學之爲言效也。人性皆善而覺有先後，後覺者必效先覺者之所爲，乃可以明善而復其初也。習，鳥數飛也，學之不已，如鳥數飛也。」將皇侃邢昺相承「學者覺也」之訓修正，改「覺」爲「效」，此非創新臆改，實與其整體思想極有關連。朱子主張先涵養而後察識，以「效」訓「學」，卽爲重視涵養之意。粗淺言之，一切須於幼年時代養育以成也。

朱子語類卷一百零八：「號令既明，刑罰亦不可弛，苟不用刑罰，則號令徒掛牆壁耳。與其不遵以梗吾治，曷若懲其一以戒百；與其覈實檢察於其終，曷若嚴其始而使之無犯。做大事豈可以小不忍爲心。……當以嚴爲本，而以寬濟之。……古人爲政一本於寬，今必須反之以嚴。蓋必如是矯之，而後有以得其當。」

朱子語類卷一百十：「今人說輕刑者只見所犯之人爲可憫，而不知被傷之人尤可念也。如刼盜殺人者，人多爲之求生，殊不念死者之無辜，是知爲盜賊計，而不爲良民地也。」

朱子之論政也，雖嘗主張「以仁心行仁政」（註五一），惟於此又以爲凡有法令，必須佐之以刑罰，做大事不可以小不忍爲心。爲政「當以嚴爲本」。政既必嚴，刑則須峻，此或朱子有見於南宋紀綱廢馳已極而發歟？然觀夫朱熹之言，驗其所主嚴刑治盜云云，固知其非惟不反對「齊之以刑」之理，且略符法家之精神矣！荀子固欲以禮規範人心、釐杜治亂、齊一世俗者也，而法家李斯韓非之徒，均出自荀子，是荀子與朱子之說，固又有若相契合者矣！

宋儒更感於禮之浸失其義，而有私作禮書者，若張橫渠、二程兄弟、司馬溫公等人，皆有禮之著作。朱子評之曰：

「二程與橫渠，多是古禮，溫公則大概本儀禮，而參以今之可行者。要之，溫公較穩，其中與古不甚遠，是七八分好，若伊川禮則祭禮可用，婚禮，惟溫公者好。」（註五二）

朱子又作家禮，實集宋代禮學之大成，其跋三家禮曰：

「然程張之言，猶頗未具，獨司馬氏爲成書，而讀者見其節文度數之詳，有若未易究，往往未見習行，而已有望風退怯之意，又或見其堂室之廣，給使之之多，儀物之盛，而竊病其力之不足，是以其書雖布，而傳者徒爲篋笥之藏，未有能舉而行之者也。」（註五三）

其書雖集宋代禮學之大成，且較通俗，然亦不得通行，餘者自可想而知。故朱子有「禮廢矣」之歎（註五四）！歐陽修，亦宋之儒者，則曰「由三代以上，治出於一，而禮樂達於天下，由三代以下，治出於二，而禮樂爲虛名」（註五五）。此實歷史演變之必然趨勢，非人力所能改變也。朱子何歎？法家之興，亦猶荀子禮論之起，皆應時代之需求而生，雖亦有其淵源，然因政治背景、社會環境不同，其產生乃有不得不然之勢也。

次言陸九淵。九淵，字子靜，撫州金谿人。生於宋高宗紹興九年，卒於光宗紹熙三年，年五十四。九淵與其兄九齡互爲師友，時號江西二陸，以比河南二程。陸氏曾主台州崇道觀，還鄉後，結茆於貴溪之象山，從學者雲集。因自號象山翁，學者稱象山先生。嘗與朱熹會講鵝湖，論辯多不合，故理學有朱、陸二派。著有象山集及語錄傳世。陸氏言曰：

「民生不能無羣，羣不能無爭，爭則亂，亂則生不可以保。……使之統理人羣，息其爭，治其亂，而以保其生。」（註五六）

陸氏「使之統理人羣」云云，實上承荀子王制篇所謂「君者，善羣也」之說。

象山先生集卷三十二：「昔人之書不可以不信，亦不可以必信，顧於理如何耳。……使書而皆合於理，雖非聖人之經，盡取之可也。……如皆不合於理，則雖二三策之寡，亦不可得而取之也，又何必信之乎？蓋非不信之也，理之所在，不得而必信之也。」

陸氏所謂「使書而皆合於理，雖非聖人之經，盡取之可也」云云，豈非荀子儒效篇所謂「中說」之意耶？

象山先生集卷三十四：「後世言寬仁者，類出於姑息。」

象山先生集卷二十四：「孔子自言爲政以德。又曰道之以德，齊之以禮。又曰政者正也。季康子問殺無道，以就有道，何如？對曰子爲政，焉用殺，子欲善，而民善矣。宜不尙刑也，而其爲魯司寇，七日必誅少正卯於兩觀之下，而後足以風動乎人，此又何也？」

象山先生集卷三十：「嘗謂古先帝王未嘗廢刑，刑亦誠不可廢於天下，特其非君之心，非政之本焉耳。夫惟於用刑之際，而見其寬仁之心，此則古先帝王之所以爲政者也。堯舉舜，舜一起而誅四凶。魯用孔子，孔子一起而誅少正卯，是二聖者以至仁之心，恭行天討，致斯民無邪惡之害，惡懲善勸，咸得游泳乎洋溢之澤，則夫大舜孔子寬仁之心，吾於四裔兩觀之間而見之矣。」

陸氏於刑治，既謂「後世言寬仁者，類出於姑息」；更謂孔子之誅少正卯、舜之誅四凶，均爲「惡懲善勸」之擧。蓋殺一以懲百，使人不敢爲非耶！防患於未然，乃爲積極之仁。小不忍而捨巨憝，豈可謂仁？此與荀子重禮、重刑之說相類矣！

由上所引文字，知宋儒之基本思想或主張，雖與荀子不相類合，但無礙於其接受荀子之部分思想，宋儒之中，或多或少沿用荀子學說，證據確鑿，難予辯駁。惟吾人於此，僅可言宋儒部分思想與荀子之說有關，不可遽以推論宋儒之以荀學爲淵源矣！

【附　註】

註　一：詳見劉向說苑政理篇。
註　二：見荀子性惡篇。
註　三：見中華書局排印本，第七章九十六頁。
註　四：見經進東坡文集事略卷七。
註　五：韓愈讀荀子：「孟氏醇乎醇者也；荀與揚，大醇而小疵。」
註　六：見商務印書館印行荀子研究，頁十二。
註　七：見公羊文公十二年傳。
註　八：見公羊桓公三年傳。
註　九：見荀子勸學篇。
註一〇：見荀子儒效篇。
註一一：見荀子性惡篇。
註一二：見荀子解蔽篇。
註一三：見荀子勸學篇。
註一四：見荀子勸學篇。
註一五：見荀子大略篇。
註一六：見荀子富國篇。
註一七：見荀子王制篇。
註一八：見荀子性惡篇。
註一九：見荀子解蔽篇。

註二〇：見中華書局印行要籍解題及其讀法，頁四十三。

註二一：見中華書局印行中國學術思想變遷之大勢，頁四十六。

註二二：見正蒙大心篇。

註二三：見二程遺書卷二上。

註二四：見朱子語類卷五。

註二五：見象山先生集卷三十五。

註二六：見李直講文集卷二禮論第一。

註二七：見荀子勸學篇。

註二八：見荀子天論篇。

註二九：見荀子修身篇。

註三〇：並見於孔孟學報第二十三期及梅園論學續集，頁二七二。

註三一：見荀子修身篇。

註三二：見荀子勸學篇。

註三三：見孟子告子篇下。

註三四：孟子離婁篇下：孟子曰：「君子深造之以道，欲其自得之也。自得之，則居之安；居之安，則資之深；資之深，則取之左右逢其原，故君子欲其自得之也。」

註三五：見荀子樂論篇。

註三六：見荀子禮論篇。

註三七：見荀子致士篇。

註三八：見荀子性惡篇。

註三九：見荀子禮論篇。
註四〇：見荀子議兵篇。
註四一：見荀子勸學篇。
註四二：見華世出版社印行兩宋思想述評，頁七十五。
註四三：詳見程氏遺書卷一、卷十七及晦菴先生朱文公集卷二十三答呂伯恭第四書。
註四四：詳見程氏遺書卷十八、卷二十五。
註四五：見晦菴先生朱文公集卷三十三。
註四六：見晦菴先生朱文公集卷三十五。
註四七：見晦菴先生朱文公集卷五十六。
註四八：見荀子解蔽篇。
註四九：見荀子儒效篇。
註五〇：見荀子正名篇。
註五一：詳見晦菴先生朱文公集卷六十三至六十五。
註五二：見晦菴先生朱文公集卷三十八。
註五三：同（註六五）。
註五四：同（註六五）。
註五五：見新唐書卷十一
註五六：見象山先生集卷三十二。

引用參考書目

論語　魏何晏等注、宋邢昺疏，民國四十四年藝文印書館影印嘉慶二十年江西南昌府學刊本。
論語集解　魏何晏撰，故宮博物院藏元覆宋世綵堂本。
論語集解義疏　魏何晏注、梁皇侃疏，清文淵閣四庫全書本。
四書集註　宋朱熹撰，藝文印書館影印宋吳志忠刻本。
論語正義　清劉寶楠、劉恭冕撰，民國四十五年世界書局排印本。
論語稽求篇　清毛奇齡撰，清文淵閣四庫全書本。
論語會箋　日人竹添光鴻撰，民國五十年廣文書局影印本。
論語要略　民國錢穆撰，商務印書館「國學小叢書」本。
論語臆解　民國陳大齊撰，民國五十七年商務印書館「人人文庫」本。
論語話解　民國陳濬撰，商務印書館「人人文庫」本。
論語譯注　民國楊伯峻撰，民國六十年明倫出版社影印本。

讀四書叢說　元許謙撰，商務印書館四部叢刊本。
讀四書大全說　清王夫之撰，民國六十三年河洛圖書出版社影印同治四年湘鄉曾氏刊本。
四書讀本　民國蔣伯潛撰，民國四十七年啟明書局排印本。
孔學管窺　民國高明撰，民國六十一年廣文書局排印本。
孔子學說　民國陳大齊撰，民國五十三年正中書局排印本。
與青年朋友們談孔子思想　民國陳大齊撰，民國五十六年孔孟學會排印本。
孔子言論貫通集　民國陳大齊撰，民國七十年作者自印本。
孔門所謂學其主體何在—禮　民國熊公哲撰，孔孟學報第十九期內。
孔子與禮教　民國周林根撰，孔孟學報第四期內。
孔子言禮淺測　民國楊一峯撰，孔孟學報第十三期內。
淺談孔子禮教　民國陳飛龍撰，孔孟月刊第十五卷第十一期內。
孔門之禮樂精神　民國羅聯絡撰，孔孟月刊第二卷第一期內。
孔子與論語　民國錢穆撰，民國六十三年聯經出版事業公司排印本。
孔孟荀三家禮之比較　民國陳飛龍撰，孔孟學報第四十二期內。
孔孟荀哲學　民國吳康撰，商務印書館「哲學叢書」本。
孟子　漢趙岐注、宋孫奭疏，民國四十四年藝文印書館影印嘉慶二十年江西南昌府學刊本。

孟子趙注　漢趙岐撰，故宮博物院藏元覆宋世綵堂本。

孟子正義　清焦循、焦琥撰，民國四十五年世界書局排印本。

孟子字義疏證　清戴震撰，商務印書館「人人文庫」本。

孟子本義　民國胡毓寰撰，民國四十七年正中書局排印本。

孟子會箋　民國溫晉城撰，民國三十三年正中書局排印本。

孟子疏義　民國王恩洋撰，民國六十四年新文豐出版股份有限公司影印本。

孟子話解　民國朱廣福撰，商務印書館「人人文庫」本。

孟子傳　宋張九成撰，商務印書館四部叢刊本。

孟子年譜　元程復心撰，民國六十七年商務印書館影印「學海類編」本。

孟子傳論　民國羅根澤撰，商務印書館「人人文庫」本。

孟子禮論初探　民國莊雅州撰，孔孟月刊第十卷第一期內。

孟子的名理思想及其辯說實況　民國陳大齊撰，商務印書館「人人文庫」本。

秦漢魏晉隋唐之孟學　民國李旭光撰，孔孟月刊第三卷第三期內。

孟荀異同　民國陳飛龍撰，孔孟月刊第十四卷第十期內。

孟荀二子所見人的特長與其中心主張　民國陳大齊撰，孔孟學報第二十一期內。

孟子仁義荀子禮義其辨如何　民國熊公哲撰，孔孟學報第十六期內。

孟荀書十考及孟荀列傳疏證　民國朱玄撰，師大國文研究所集刊十號內。
孟荀評議　民國胡耐安撰，孔孟月刊第一卷第二期內。
荀子二十卷　戰國趙人荀況撰，唐楊倞注，明嘉靖庚寅（九年）顧氏世德堂刊六子全書本，中央圖書館藏，中華書局四部備要本，商務印書館四部叢刊景古逸叢書本。
荀子集解二十卷考證一卷　清王先謙撰，清光緒辛卯（十七年）長沙思賢講舍刊本，商務印書館萬有文庫本，藝文印書館影印本。
荀子箋釋二十卷補遺一卷　清謝墉撰，清乾隆丙午（五十一年）嘉善謝氏安雅堂刊本，中華書局四部備要本，商務印書館叢書集成本。
荀卿子通論　清汪中撰，清道光間家刊本。
荀子柬釋　民國梁啟雄撰，民國二十五年商務印書館萬有文庫本，五十一年世界書局改名荀子約注。
荀子研究　民國楊筠如撰，民國三十年商務印書館國學小叢書本，五十五年人人文庫本。
荀子學說　民國陳大齊撰，民國四十三年中華文化出版事業委員會排印本。
荀卿學案六卷　民國熊公哲撰，民國十二年商務印書館排印本。
王先謙荀子集解訂補　民國潘重規撰，師大學報第一期內。
荀子集釋　民國李滌生撰，民國六十八年學生書局排印本。
荀子正補　民國劉文起撰，師大博士論文。

荀子集解補正　民國龍宇純撰，大陸雜誌第十一卷第八期內。
荀子學術淵源及其流衍　民國周虎林撰，師大國文研究所集刋八號內。
荀子禮學之研究　民國陳飛龍撰，民國六十八年文史哲出版社排印本。
荀子禮論之研究　民國楊連生撰，師大國文研究所集刋十七號內。
荀子禮分思想之研究　民國吳清淋撰，師大國文研究所集刋二十一號內。
荀子禮學之淵源　民國饒彬撰，師大國文學報創刋號內。
荀子論禮通釋　民國羅根澤撰，女師大學術季刋第二卷第二期內。
荀子的禮治思想　民國沈成添撰，華岡法科學報第一期內。
荀子隆禮之功用　民國陳飛龍撰，孔孟學報第四十期內。
荀子禮學初探　民國莊雅州撰，孔孟月刋第九卷第一期內。
荀子「禮」之研究　民國吳秀英撰，孔孟月刋第十八卷第七期內。
荀子禮法思想的特色及其歷史意義　民國楊日然撰，台大社會科學論叢第二十三輯內。
「荀子所謂禮與韓非所謂法」之研討　民國熊琬撰，輔大碩士論文。
大小戴記與荀子關係之探索　民國閆隆庭撰，政大碩士論文。
荀子禮論篇非取自大小戴禮記辨　民國張亨撰，大陸雜誌第四十二卷第二期內。
荀子論禮樂　民國吳康撰，孔孟學報第二十期內。

荀子與大學中庸　民國戴君仁撰，孔孟學報第十五期內。
荀學與宋儒　民國戴君仁撰，大陸雜誌第三十九卷第四期內。
荀學與宋代道學之儒　民國戴君仁撰，孔孟學報第二十三期內。
論儒家之「禮」　民國孔德成撰，民主評論第七卷第十三期內。
談談禮教　民國繆鳳林撰，國風半月刋第三期內。
談禮教　民國潘重規撰，孔孟月刋第十六卷第十二期內。
禮說　民國王禮卿撰，孔孟月刋第一卷第九期內。
說禮　民國朱世龍撰，香港人生雜誌第一六四期內。
談禮　民國羅宗濤撰，孔孟月刋第十三卷第二期內。
十三經注疏　民國四十四年藝文印書館影印嘉慶二十年江西南昌府學刋本。
大戴禮　漢戴德撰，世界書局大戴禮解詁本。
禮學新探　民國高明撰，一九六三年香港中文大學聯合書院中文系排印本。
大小戴記選注　民國王夢鷗撰，民國三十三年正中書局排印本。
禮記思想體系試探　民國王夢鷗撰，政大學報第四期內。
詩外傳　漢韓嬰撰，商務印書舘四部叢刋本。
韓詩外傳　漢韓嬰撰，師大國文研究所刋印賴炎元考徵本。

左傳會箋　日人竹添光鴻撰，民國五十八年廣文書局影印本。

經學通論　清皮錫瑞撰，民國六十三年河洛圖書出版社影印本。

經典常談　民國朱自清撰，民國六十年樂天出版社影印本。

說文解字　漢許愼撰，宋徐鉉注，民國四十八年藝文印書舘景宋本。

說文解字注　清段玉裁撰，藝文印書舘景印經韵樓刋本。

說文解字詁林　民國丁福保編，商務印書舘景印醫學書局本。

廣韻　宋陳彭年等修，廣文書局景印澤存堂本。

廣雅疏證　清王念孫撰，民國五十四年新興書局影印高郵王氏原刻本。

經詞衍釋　清吳昌瑩撰，民國五十年世界書局排印本。

觀堂集林　民國王國維撰，民國五十九年世界書局影印本。

甲骨文編　民國孫海波撰，民國二十六年石印本。

殷契粹編　民國郭鼎堂撰，民國六十年大通書局影印本。

殷虛卜辭　加人明義士撰，藝文印書舘景印民國六年上海出版原摹本。

甲骨文字集釋　民國李孝定撰，民國五十九年中央研究院歷史語言研究所影寫本。

三代吉金文存　民國羅振玉編，民國五十九年文華出版公司景印本。

金文編　民國容庚撰，民國六十年聯貫出版社影印本。

商周彝器通考　民國容庚撰，一九六九年香港文友堂書店影印本。
金文詁林　民國周法高撰，一九七四年香港中文大學影寫本。
散盤集釋　民國高鴻縉撰，師大學報第二期內。
國語　先秦左丘明撰，吳韋昭注，商務印書舘四部叢刋本。
史記　漢司馬遷撰，商務印書舘百衲本二十四史本。
漢書　漢班固撰，商務印書舘百衲本二十四史本。
新唐書　宋歐陽修、宋祁撰，商務印書舘百衲本二十四史本。
宋史　元脫脫等撰，商務印書舘百衲本二十四史本。
四庫全書總目提要　清永瑢等撰，藝文印書舘景印原刻本。
要籍解題及其讀法　民國梁啟超撰，中華書局排印本。
僞書通考　民國張心澂撰，商務印書舘排印本。
國學概論　民國程發軔撰，民國五十七年正中書局排印本
管子　先秦管仲撰，商務印書舘四部叢刋本。
商子　先秦商鞅撰，商務印書舘四部叢刋本。
愼子　先秦愼到撰，商務印書舘四部叢刋本。
韓非子　先秦韓非撰，世界書局陳奇猷韓非子集釋本，商務印書舘陳啟天增訂韓非子校釋本。

新語　漢陸賈撰，商務印書館四部叢刊本。
淮南子　漢劉安撰，商務印書館四部叢刊本。
新書　漢賈誼撰，商務印書館四部叢刊本。
鹽鐵論　漢桓寬撰，商務印書館四部叢刊本。
揚子法言　漢揚雄撰，商務印書館四部叢刊本。
白虎通德論　漢班固撰，商務印書館四部叢刊本。
潛夫論　漢王符撰，商務印書館四部叢刊本。
風俗通義　漢應劭撰，商務印書館四部叢刊本。
申鑒　漢荀悅撰，商務印書館四部叢刊本。
讀子卮言　民國江瑔撰，文海出版社本。
先秦政治思想史　民國梁啟超撰，中華書局排印本。
中國學術思想變遷之大勢　民國梁啟超撰，中華書局排印本。
中國人性論史（先秦篇）　民國徐復觀撰，民國五十八年商務印書館排印本。
兩漢儒家諸子之研討　民國熊公哲撰，政大學報第十五期內。
中國哲學史　民國勞思光撰，一九七一年香港中文大學崇基學院排印本。
中國法治思想　民國薩孟武撰，民國六十七年彥博出版社排印本。

兩宋思想述評　民國陳鐘凡撰，民國六十六年華世出版社影印本。
宋元學案　明黃宗羲撰，民國六十四年河洛圖書出版社影印本。
昌黎先生全集　唐韓愈撰，明崇禎間東吳葛才永懷堂刋本。
經進東坡文集事略　宋蘇軾撰，宋郎曄注，商務印書舘四部叢刋本。
直講李先生文集　宋李覯撰，商務印書舘四部叢刋本。
臨川先生文集　宋王安石撰，商務印書舘四部叢刋本。
周子全書　宋周敦頤撰，彭洋中校本。
周濂溪集　宋周敦頤撰，正誼堂刋本。
張子全書　宋張載撰，明徐必達刋本。
張橫渠全集　宋張載撰，正誼堂刋本。
二程全書　宋程顥、程頤撰，明弘治刋本。
二程遺書　宋程顥、程頤撰，呂氏寶誥堂刋本。
二程外書　宋程顥、程頤撰，呂氏寶誥堂刋本。
二程語錄　宋程顥、程頤撰，正誼堂刋本。
晦菴先生朱文公集　宋朱熹撰，商務印書舘四部叢刋本。
朱子語類　宋朱熹撰，明成化刋本。

象山先生集　宋陸九淵撰，商務印書舘四部叢刋本。
王文成公全書　明王守仁撰，商務印書舘四部叢刋本。
戴震集　清戴震撰，民國六十九年里仁書局排印本。
古微堂外集　清魏源撰，清光緒二十三年豐城余氏寶墨齋刋本。
東塾讀書記　清陳澧撰，商務印書舘「人人文庫」本。
梅園論學續集　民國戴君仁撰，民國六十三年藝文印書舘排印本。
雨天的書　民國周知堂撰，民國十四年北新書局排印本。
The I-Li or Book of Etiquette and Ceremonial. Trans. by John Steels from the Chinese with introduction, notes and plans. Taipei: Ch'eng-Wen Pub., 1966.